# O DECLÍNIO DO DESEJO

**Dados Internacionais de Catalogação na Publicação (CIP)**
**(Câmara Brasileira do Livro, SP, Brasil)**

Zoja, Luigi
O declínio do desejo : por que o mundo está renunciando ao sexo / Luigi Zoja ; tradução de Gelbart Souza Silva. – Petrópolis, RJ : Vozes, 2025.

Título original: Il declino del desiderio

Bibliografia.

ISBN 978-85-326-7110-3

1. Desejo 2. Sexo (Psicologia) I. Título.

25-267623 CDD-155.3

Índices para catálogo sistemático:
1. Desejo : Sexo : Psicologia 155.3

Cibele Maria Dias – Bibliotecária – CRB-8/9427

Luigi Zoja

# O DECLÍNIO DO DESEJO

## Por que o mundo está renunciando ao **sexo**

Tradução de Gelbart Souza Silva

EDITORA VOZES

Petrópolis

Tradução do original em italiano intitulado *Il declino del Desiderio. Perché il mondo sta rinunciando al sesso*

Direitos de publicação em língua portuguesa – Brasil:
2025, Editora Vozes Ltda.
Rua Frei Luís, 100
25689-900 Petrópolis, RJ
www.vozes.com.br
Brasil



*Editoração*: Natália Machado
*Diagramação*: Victor Mauricio Bello
*Revisão gráfica*: Fernanda Guerriero Antunes
*Capa*: Carol Palomo

ISBN 978-85-326-7110-3 (Brasil)
ISBN 978-88-06-25173-4 (Itália)

Este livro foi composto e impresso pela Editora Vozes Ltda.

# SUMÁRIO


Introdução ........ 11

A sociedade cada vez mais aberta, 11
A abertura da sexualidade, 13
As liberdades, 14
Paradoxos, 15
Uma psicopatologia geral?, 16

PARTE I

A sexualidade, uma terra prometida ........ 19

A revolução de Freud, 21
A sexualidade depois de Freud, 22
O olhar interior depois da psicanálise, 23
A emigração de Freud para a América, 25
País imenso, mercado imenso, 27
A aventura empírica do sexo, 28
Voyeurismo e vida privada interferem na ciência, 29
A sexualidade humana é mensurável?, 30
O inconsciente é monogâmico?, 30
Empirismo e sexualidade, 32
Um novo *melting pot*: a integração das minorias na sexualidade, 32
Em marcha rumo à despatologização e descriminalização, 34
As revoluções sexuais são relativas, 35
Revolução e transcendência, 36
As profecias de Sorokin, 38
Dois artistas do eros, 42

Gênio e desregramento, 43
O conservacionismo, 44
Retorno à natureza na América: de *Walden* a *Silent spring*, 45
Contracultura americana: romantismo e hiper-realismo, 46
Wilhelm Reich e a utopia dos orgônios, 48
Erich Fromm e Herbert Marcuse, amor e biologia, 50
Conservadorismo e conservacionismo do amor no século XXI, 54
O paradoxo do avanço feminista, 57
Uma perda, 57
A angústia do tornar-se adulto e das responsabilidades, 59

PARTE II

A drenagem do eros ........ 67

Do sucesso à indiferença, 69
Uma surpreendente curva, 70
Uma outra cúpula global, 71
*Flynn Effect* e *Negative* (ou *Reverse*) *Flynn Effect*, 71
Psiquê e números, 73
A sexualidade cansada do Oriente, 75
O Ocidente, 76
Grã-Bretanha, 77
*Natsal: National Survey of Sexual Attitudes and Lifestyles*, 78
Alemanha, 85
Estados Unidos: *Jama*, 87
CDC, 88
Autoridade pública e comportamentos privados, 90
Possível papel do *bullying* nas oscilações de gênero, 92
*Deliberately*: um arquétipo do heroísmo americano, 93
*Sex Recession*, 95
A inversão do eros: como consequência marginal, a pornografia se torna origem das fantasias sobre o sexo, 98
A busca pelo acasalamento, 100
Acasalamento e seleção, 102

Sociedade estável e seus processos de acasalamento, 104
Notas sobre a seleção das preferências masculinas, 104
O acasalamento segundo Ortega y Gasset, 108
O casal tradicional, 109
Todos desejam Helena de Troia, 110
Escalada ao vértice impossível, 112
A pirâmide que colapsa, 114
Não mais eros, mas narcisismo, 115
Sexualidade como indicador do mundo, 117
Parentalidade, 118
"Parentalidade marginal", 120
Onipotência da técnica e problema de limites, 121

PARTE III
Em que ponto estamos ........ 123
Sexualidade e dinheiro, 125
Capital sexual e colateralidades eróticas, 127
Desmantelar o mundo, 128
O pacto faustiano com a técnica e contra o eros, 131
Limites do desejo e limites humanos, 132
O isolamento erótico, 134
Categorização e mercantilização das identidades, 136
A explosão do fenômeno trans, 137
Buridan e o consumismo, 140
Escolher, 141
Ainda "transição", 143
Remorso e destransição, 144
Os limites da crítica endógena, 146
Pós-patriarcado e neomachismo, 148
Do machismo ao machocentrismo cultural, 150
O masculino como valor no inconsciente coletivo, 152
A prevalência de transições para o masculino, 153
O masculino como valor na Ásia, 156

Língua de uso e machismo, 156
O racismo inconsciente das maiorias, 157
A rejeição da diversidade e a pseudoespeciação, 158
Uma pseudogenderização, 160
A perspectiva psicológica e realista, 163
O respeito é uma instituição cultural, 165
O respeito socioeconômico, 165
Clasina Maria Hoornik, 167
Vergonha, vergonha feminina, vergonha sexual, 170
Ambivalência do embaraço sexual, 171
Origem arquetípica/inata da vergonha, 172
Medo/vergonha, 174
Vergonha/culpa, 176
*Shame* e *shaming*, 178
Vergonha e honorabilidade, 178

PARTE IV
Uma reflexão para continuar ........ 181
O "isolamento da felicidade", 183
Quais as conclusões?, 184
Relatividade histórica do eros, 185
O amor-paixão, 186
Fadiga, 187
Ainda uma curva crítica, 188
Contraprodutividade, 190
Os dois limiares dos processos produtivos, 190
Os dois limiares nas dinâmicas mentais, 191
Diagnóstico de Freud, 193
Superabundância e psicastenia, 195
Prognóstico de Freud, 196

Referências ........ 201
Agradecimentos ........ 211

*A Elio, uma presença luminosa*

# INTRODUÇÃO

*Nós sempre viveremos em uma*
*sociedade imperfeita.*
Karl Popper, *A pesquisa não tem fim.*

## A sociedade cada vez mais aberta

As mudanças de costumes sexuais são aspectos importantes da liberdade: afetam a política, a religião, a sociologia, a psicanálise, os debates de todos os países. A sexualidade humana concerne ao corpo e à psiquê, mas também aos elos entre gerações. Põe em movimento uma disciplina que ainda não existe: a "geracionologia".

As flores do romantismo haviam desabrochado da paixão, da languidez, da vida. Na Modernidade já laica, a fantasia inconsciente perguntava: Mas de onde vem a vida? A resposta era a mais simples, "sob os olhos de todos", não obstante se trate daquilo que escapa ao olhar de todos. A vida vem de duas pessoas que fizeram amor.

Com o século XX, a sexualidade assumiu cada vez mais um papel central. É uma atividade humana natural como comer ou caminhar. Essas duas, porém, são funções neutras: o bem e o mal não dependem delas. Come-se para chegar ao amanhã; caminha-se para alcançar um lugar. Por outro lado, o sexo, para grande parte das pessoas, é bom ou mau em si mesmo, não conhece indiferença.

Em todas as sociedades, em todas as religiões, o sexo é submetido a normas, limites, venerações, tabus. Em teoria, sabemos disso. Em prática, ignoramos o quanto disso somos ignorantes.

Mesmo hoje, no século XXI, o indivíduo médio, às vezes até o especialista, prefere não conhecer os problemas da sexualidade; ou inclusive negá-los, exatamente como percebia Freud há um século. Até tempos relativamente recentes, essa foi uma experiência em que se buscava uma totalidade, por mais que de forma pouco consciente. Queria-se laica, mas era percebida uma derivação religiosa. Era um evento físico, visível externamente, mas com aspectos psicológicos importantes, também internamente, portanto. A consciência disso está sendo perdida, a ponto de, agitados pelas novas dúvidas que o tema provoca, poder levantar-se indagação: *Como defino a minha identidade de gênero se ninguém está olhando para mim?*[1] Para além de patologias novas como a "disforia de gênero"[2], essa interrogação estupefaciente subentende *uma doença universal do olhar*, que avalia as pessoas apenas a partir de uma perspectiva externa. Assim, não faz com que a identidade dependa de um processo gradual de inserção

1. Título de um artigo do *New York Times*, talvez o periódico mais influente do mundo (Marzano-Lesnevich, 2021).

2. Cf. a definição contida no Manual MSD, é a seguinte: "A disforia de gênero é caracterizada por uma forte e persistente identificação com o sexo oposto, associada à ansiedade, à depressão, à irritabilidade e, frequentemente, ao desejo de viver como um gênero diferente daquele associado ao sexo atribuído ao nascimento. As pessoas com disforia de gênero muitas vezes acreditam ser vítimas de um acidente biológico e cruelmente presas em um corpo incompatível com sua identidade de gênero subjetiva. A disforia de gênero é um diagnóstico que exige critérios específicos, mas, às vezes, é usado de forma mais ampla para pessoas cujos sintomas não atingem um limiar clínico. O transexualismo foi, em um momento, um diagnóstico aceito que se referia a pessoas com sintomas graves e clinicamente significativos de disforia de gênero. Embora esse termo ainda possa ser encontrado na literatura médica, ele caiu em desuso na nosologia moderna e é considerado ofensivo ou impreciso por algumas pessoas com disforia de gênero" (Manuale MSD, n.d.).

social – que inicia com a empatia, para deixar a aparência como toque final –, mas das imagens que o olho abarca. À chegada desse percurso antipsicológico, a identidade poderia ser até mesmo determinada pela moda, que, por sua vez, nascera para resumi-la.

## A abertura da sexualidade

No século XXI, a sexualidade, grande protagonista do século XX, poderia estar se movendo em direção a uma dissolução, como prática, mas também como tema. O problema é uma montanha, as discussões que estão a ele ligadas são guinchos de um rato. Um debate tão subdimensionado que merece ser chamado de *negação*, termo proposto por Freud para a mais comum defesa mental dos problemas desagradáveis.

Este livro pretende ocupar-se das estradas que uma cultura percorre depois de ser aberta. A sexualidade é um dos indicadores da "sociedade aberta" (Popper, 1973-1974). Dada a sua importância, perguntamo-nos se, diante das aberturas totais, o ser humano consegue recuar desgostoso como um escalador que, tendo alcançado o topo, se espanta com o abismo que ele mesmo tinha desejado desafiar. Também quando não falamos do assunto, quando até mesmo ignoramos esse conceito, nós subentendemos que a "sociedade aberta" seja o denominador de uma convivência humana desejável, depois do eclipse dos fascismos e dos comunismos. Tal como nas conquistas econômicas, alcançado um resultado, corre-se atrás do próximo; e, assim obtida uma liberdade, podem ser desejadas outras. Mas não é assim.

Essa sociedade *aberta*, mesmo que coincidisse com a nossa, seria só uma comunidade que se *libertou*, ou foi *libertada*, de constrições pré-modernas: as leis antidemocráticas, as normas religiosas ansiógenas. Não seria ainda uma sociedade *livre*: que se alcança só quando os seus componentes conseguem exercitar a liberdade que leis e costumes autorizam. Como veremos, estamo-nos afastando dessa meta. Os verdadeiros critérios que definem a liberdade são psicológicos. E a mente do século XXI é mais ansiosa que a da época anterior.

Quem dispõe de garantias constitucionais, mas introjetou, por causa da educação familiar, restrições à liberdade de escolha, ou a ansiedade de castigos – que, por sua vez, os pais tinham recebido dos avós, ou dos comandos de um regime autoritário –, essa pessoa não é livre. Às inseguranças hereditárias se adicionam ainda, nos anos de 2000, as derivadas das infinitas aberturas oferecidas pelo mundo virtual, que ocorrem improvisadamente e que não fomos educados a utilizar.

## As liberdades

Estamos tocando em uma das maiores distinções introduzidas nas ciências políticas durante o século XX: aquela entre *liberdade negativa* e *liberdade positiva* (Berlin, 2000). A primeira equivale à possibilidade de pensar e agir sem constrangimentos, e no Ocidente foi, em geral, alcançada. A segunda corresponde a fazer escolhas, endereçando-se rumo a uma meta: Isaiah Berlin, que propôs essa contraposição, via-a com desconfiança, porque é o campo em que o Estado pode impor as próprias preferências.

Mesmo quando se considera livre e espontânea, a sexualidade depende de tudo isso. Obviamente, pode encontrar restrições (liberdade negativa). Contudo, nas próximas páginas, confrontaremos problemas surpreendentes de "liberdade positiva" postos pelos costumes do século XXI. Hoje se encontram, de fato, infinitas "prefigurações" do desejo sexual. Não provêm mais do interior da personalidade como o que chamamos de *eros*, mas nos chegam já embaladas pelo mercado, ou pela pressão de certos grupos. Trata-se de uma liberdade total só nas palavras, que nas ações é frequentemente vivida como uma prisão no interior do corpo e das suas funções. Isso pode dissolver as bases relativamente estáveis da vida erótica, manifestando-se como repulsa pelo próprio físico, em particular por seus atributos sexuais.

## Paradoxos

Não existe apenas uma grande diferença entre as condições abstratas de uma vida melhor e a experiência de viver melhor: muitos indicadores dão a entender que as condições de liberdade negativa (ou de abertura na sociedade, nos costumes) e a liberdade positiva (efetivamente exercitada pelo indivíduo) sejam não só diferentes, mas até mesmo antitéticas. As pessoas querem ser mais livres, mas têm sempre mais medo das liberdades. Essa constatação parece confirmar um antigo dilema da economia, expressado em 1974 por Richard Easterlin mediante um "paradoxo". Pode-se resumi-lo assim: durante um preciso momento, o bem-estar cresce se crescem os meios (econômicos, mas a consideração pode ser estendida àqueles técnicos ou à queda de proibições irracionais). Com o passar do tempo, porém, o aumento das possibilidades não faz, de forma alguma, com que se sinta mais feliz (Easterlin, 1974). Some, por conseguinte, a convicção sobre a qual se baseia toda a economia, e no fundo a maior parte dos esforços humanos: a relação direta entre aumento dos meios disponíveis e satisfação humana.

Como veremos mais adiante, durante os anos de 1960 e 1980, Ivan Illich tinha estendido uma crítica da economia às maiores atividades do Ocidente. Muitas dessas, sublinhava ele já naqueles decênios, são *contraprodutivas*, isto é, geravam gradualmente inconvenientes e custos ocultos, que se revelarão só no tempo, quando terá se tornado difícil de combatê-los. Em essência, Illich antecipa a insustentabilidade da expansão contínua, que no século XXI está se tornando evidente sob forma de degeneração ambiental.

Veremos, pois, que esse modelo pode ser aplicado a disciplinas muito diversas. Neste livro, indago-me se não é tempo de aplicá-lo também à sexualidade, que está entrando em um declínio dificilmente remediável.

## Uma psicopatologia geral?

No século XXI, dispomos de estudos segundo os quais, depois de longas fases de crescimento econômico, as mesmas populações ocidentais têm manifestado mais sinais de desconforto do que em seu início. A origem comum de todos esses inconvenientes não está nos objetos, mas na mente.

A psicopatologia marca novos tipos de sofrimentos e uma rápida extensão sua entre os adolescentes, levantando temores sobre uma "sociedade enferma" globalmente quando estes se tornarem adultos. Um aspecto particular do problema está na redução das relações eróticas tradicionais: as do casal heterossexual, que, mesmo assim, continuam de longe as mais difusas. Essa diminuição foi constatada entre *todas* as jovens gerações dos principais países que as classificam e é o tema que discutiremos na segunda parte deste livro.

Uma semelhante contradição (mais possibilidade = menos alegria) na relação entre os membros das sociedades abertas e os meios materiais de que elas dispõem – essencialmente, com o aspecto *visível* da sua existência – se repete então também naquele mais *íntimo* e *menos visível*, a vida sexual. Aqui se concentra com a máxima intensidade o que indicamos com a palavra desejo[3]. Usaremos o termo no sentido mais geral. Em contraste com a essência do desejo, quanto mais possibilidades se abrem para ele, mais parece que o homem se fecha no medo (cf. Bauman, 2004, p. 15; Butler, 1990, p. 8-10; Laplanche & Pontalis, 1968,

---

3. A psicanálise multiplicou o uso desta palavra nas línguas modernas. Freud, Lacan e Jung (mesmo na sua fase freudiana) utilizam-na com sentidos diferentes. Além disso, o termo italiano "*desiderio*" pode corresponder em alemão – a língua original da psicanálise – a três conceitos: *Wunsch*, *Begierde* e *Lust*. Cf. as entradas "*desiderio*" e "sexualidade" em Laplanche e Pontalis (1967). Para não entrar em distinções alheias a nosso propósito, utilizarei o termo em um sentido mais amplo, voltado para a sociologia e a análise da cultura. A vida íntima dos homens é, de fato, relevante para todas essas disciplinas.

p. 562; Nassehi, 2003, p. 244-250; West & Zimmerman, 1987). Até as necessidades de comer ou de dormir hoje em dia colidem com novas patologias.

Essa é a principal novidade de hoje. Ela poderia ter levado a cabo, no século XXI, o homem absurdo, anunciado por Camus no século XX.

No Novecentos, a sensualidade tinha ganhado um espaço muito central no palco da sociedade ocidental. Estava cada vez mais no centro dos debates, independentemente do fato de se querer limitá-la ou favorecê-la. O seu triunfo foi paralelo àquela que, nos próximos parágrafos, chamaremos de "revolução psicanalítica". Reconstruir esse percurso histórico é importante para compreender o que será o seu subsequente ocaso, centro de nossa abordagem.

A ascensão e o declínio do desejo já têm assumido o perfil de uma cúpula: imagem que se repete em várias tendências do progresso humano. Nenhum crescimento pode ser eterno.

# PARTE I

# A SEXUALIDADE, UMA TERRA PROMETIDA

*O progresso civil tem um preço, pago pela perda de felicidade.*
Sigmund Freud, *O mal-estar na civilização*

## A revolução de Freud

O Novecentos concentrou mais revoluções do que qualquer outro século. A revolução psicanalítica não pertence às subversões políticas. Porém, ela também foi imensa: e, diferentemente daquelas, parecia ter chegado para ficar.

Ela se distinguiu, de fato, das inversões culturais e políticas por duas características. Em primeiro lugar, não custou quase nada. Nem o imenso desperdício de riqueza necessário para construir exércitos, nem seu custo humano: os rios de sangue que escorrem com as guerras, os genocídios, os outros extermínios inextricavelmente a eles vinculados. Seu preço é praticamente invisível: só as energias dedicadas à escrita e às atividades culturais, primeiro da parte de Freud, depois da de Jung e poucos outros.

Em segundo lugar, a psicologia do profundo (termo que inclui Freud e os principais fundadores) chegou como conquista irreversível do saber, enquanto a maior parte das revoluções político-culturais se mostrou temporária, a começar da mais aclamada, a comunista[4].

O que entendemos ao falar de "revolução psicanalítica"? Podemos resumi-la em dois processos que impregnaram o Ocidente; e, a partir dele, mediante a globalização, alcançaram todos os continentes.

---

4. Eu tratei da irreversibilidade da psicanálise em *Psiche* (Zoja, 2015a) e em *In difesa della psicoanalisi* (Argentieri, Bolognini, Di Ciaccia & Zoja, 2013).

O primeiro corresponde a uma *autorização para a sexualidade*, que, no curso do século XX, se torna central na Europa e na América. Por meio de seu trabalho, que significativamente inicia com o 1990, ano de publicação de *A interpretação dos sonhos*, Freud não "descobre" a pulsão ou a vida psíquica sexual, mas demonstra que elas estão presentes em toda a população, em todas as idades: mesmo nas crianças, mesmo nas mulheres educadas para não ver. A partir desse ponto de vista, a mesma emancipação feminina que cresce durante o século conserva um débito para com Freud (não obstante seu pensamento, radicado na época, não fosse feminista). Naturalmente, o humano é um animal muito complexo e sua sexualidade deve ser canalizada em formas culturalmente aceitáveis, e as descobertas freudianas levam bem isso em consideração. Elas demonstram, porém, até que ponto convenções exclusivamente negativas – baseadas no não reconhecimento da centralidade da sexualidade – levam a desequilíbrios psíquicos: causam a neurose, e mais especificamente a histeria nas mulheres, a quem uma vida erótica não é permitida.

Numerosos críticos combateram Freud, no início opondo-se a suas descobertas: um fato que o levará, e depois sua filha Anna Freud, a desenvolver conceitos como *negação* e *mecanismos de defesa* psíquicos. Contudo, no curso do século, todos deverão aceitar que a sexualidade se posicionou no centro da vida, apesar de instituições de imenso poder e autoridade como a Igreja Católica o fazerem sobretudo de maneira negativa, empenhando-se em estancá-la.

A República de Weimar fora um útero gerador de grandes novidades artísticas e culturais, cujo florescimento fora acompanhado de uma liberdade sexual nunca antes vista. A isso não era estranha a influência da psicanálise, então quase inteiramente em língua alemã. Indiretamente, tal fato favorecera o surgimento do fascismo e do nazismo, porque oferecia aos grupos menos cultos e mais assustados muitos pretextos de propaganda contrária às novidades. A nova cultura era descrita pelos detratores como "degenerada" e responsável por todas as decadências nos costumes. Preparava-se assim a chegada não só da ditadura, mas também de uma censura nos critérios estéticos e de uma arte estéril ditada pelo poder.

## O olhar interior depois da psicanálise

Em segundo lugar, o olhar psicanalítico favorecera o nascimento de uma *dimensão expressiva radicalmente nova*. Um infinito território aberto à criação artística ou literária, ao debate cultural em geral: *a interioridade* de cada um.

Na tradição, os reis ou os grandes personagens eram mostrados como heróis que guiam seu povo rumo às vitórias em guerra: isto é, no espaço externo. Só por acaso se ocupavam também de suas "peripécias interiores": uma conversão, por exemplo, podia ser apresentada como vitória do protagonista em uma batalha excepcional contra si mesmo. O homem simples, porém, não tinha interioridade.

De repente, aparece o processo psicanalítico. Ele cuida, é verdade, de casos clínicos particulares. Contudo, faz isso porque parte da constatação de que todos os homens, enquanto no externo se submetem às normas gerais, têm também uma vida interna absolutamente única. A tarefa da psicanálise é exatamente rearmonizar as duas dimensões, quando o relacionamento entre elas está desgastado. O estudo freudiano não reconhece e autoriza só uma sexualidade universal, mas também uma *interioridade* sem precedentes. Uma base, um recipiente, um espaço para a moderna aventura laica: o heroísmo anônimo do homem solitário, isolado no mundo embora circundado por concidadãos aos milhões. De repente, Meursault (o "estrangeiro" de Camus), Ulrich (o "homem sem qualidade" de Musil), Bloom (o Ulisses de Joyce) estão no centro de narrações que tempos atrás tinham como protagonistas reis e imperadores.

Essencialmente, não só determinadas terapias para certos problemas psíquicos, mas cada aspecto da vida do século XX receberá uma *impregnação psicanalítica*, que o tornará diferente da história[5]. Os temas das criações artísticas reproduzem sempre mais diretamente algo que não está do lado de fora, mas dentro da mente do autor. A pintura e a escultura se tornam não figurativas: os quadros não representam mais paisagens ou edificações; contêm figuras abstratas jorradas da interioridade do artista, com poucas mediações. Antes que a perspectiva psicanalítica saltasse para o palco, só a música tinha a permissão para uma imediatez dessas.

Com a passagem do século XX para o seguinte, ambas as "autorizações" – à sexualidade e à interioridade – parecem desaparecer, deixando-nos um imenso problema. As duas diretrizes *culturais* não são substituídas por outras, simplesmente deixam um vazio. O pensamento psicanalítico se enrijece.

No século XXI, a sexualidade se torna um consumo laico, aparentemente neutro, universal, anônimo. Contemporaneamente, a atenção para a interioridade inverte sua direção, dilui-se. A mente da maioria é bombardeada por uma tal massa de conteúdos externos, que as novas gerações custam a conceber um fenômeno só interior. Vamos a um exemplo. Um sonho pode nos influenciar de maneira potente, mas ele não se materializa em um objeto. Assim, os mais jovens, habituados aos *smartphones*, têm dificuldade de distinguir as imagens que sonharam das que viram na tela. As telas dos telefones são, em princípio, controladas por eles, o que os desabitua às figuras autônomas e incontroláveis do inconsciente. O sonho nasce dentro do sujeito, mas carece de botões para controlar as imagens ou apagá-las. Então, a própria existência dos sonhos pode gerar ansiedade. A relação com a psiquê acaba perturbada: de fato, as figuras

5. Tratei desse tema em *In difesa della psicoanalisi* (Argentieri, Bolognini, Di Ciaccia & Zoja, 2013).

oníricas representam uma parte verdadeira de nós, enquanto as do *smartphone* são um artefato.

## A emigração de Freud para a América

Depois da Segunda Guerra Mundial, o centro do Ocidente transfere-se para os Estados Unidos, levando consigo a "revolução de Freud". Esse aparente alargamento geográfico esconde, na verdade, uma redução, um encolhimento cultural da perspectiva freudiana, que a readapta a fins comerciais e quase distorce o pessimismo laico de Freud para uma direção consumista-consolatória que representa seu oposto. Afirma-se a cultura de massa americana, oferecendo o modelo que todos gostariam de imitar e prometendo seu triunfo sobre o comunismo. Ademais, essa vitória na Guerra Fria é anunciada precisamente se seguida a visão de Marx, sobre a qual se baseia o sistema comunista. No marxismo, a economia é fundamento subjacente à totalidade da sociedade, e aquela americana já dominava o globo, pois, no fim da Segunda Guerra Mundial, os Estados Unidos representam sozinhos a metade do produto econômico do planeta Terra.

A história da psicanálise com mais autoridade resume assim esse deslocamento continental, que absorve até mesmo um pensamento profundo como o freudiano.

> Um sistema baseado em trabalho duro e competição intensa, ao qual o darwinismo social forneceu a ideologia, foi sucedido por um sistema baseado no consumo em massa com uma filosofia hedonista-utilitária. Esta é a sociedade que adotou com entusiasmo a psicanálise de Freud, muitas vezes em sua forma mais distorcida (Ellenberger, 1972, p. 631).

A um fundador não pode ser atribuído tudo o que se fará em seu nome, no máximo uma humana incapacidade de prever tudo.

O "darwinismo social" fora usado pelo nazismo para justificar os campos de extermínio. A história da Europa conhecia desde sempre os conflitos de fronteira: aquele que, em 1939, opôs Alemanha à Polônia em direção ao leste – envolvendo de imediato também seu vizinho a oeste, a França – poderia ter sido simplesmente uma continuação sua. O que completara o salto no indizível da Segunda Guerra Mundial e do genocídio fora *a transformação em ideologia de um pensamento novo*, profundo, em si científico e não político como o de Darwin.

A psicanálise foi submetida a uma deformação muito semelhante.

> Aconteceu com Freud, assim como aconteceu com Darwin e outros antes deles, que eles pareciam estar iniciando uma revolução cultural avassaladora, quando, na realidade, era a revolução enraizada em mudanças socioeconômicas que os envolvia (Ellenberger, 1972, p. 631).

Dadas as consequências da época do darwinismo social, isto é, da falsificação de Darwin, o risco de que também Freud tenha sido distorcido de maneira semelhante não deve ser em nada subestimado.

No forçamento tardo-positivista a que o pensamento freudiano fora submetido, subentendia-se um desenvolvimento *na* sexualidade e *da* sexualidade, parte de uma progressão linear da história e do progresso que nela habita. Na verdade, essa perspectiva otimista pertencia mais à histórica ocidental, convencida de ser um presente universal e definitivo para o mundo. Mas a história inclui, de fato, um melhoramento infinito? Ou então é circular, e suas fases compreendem declínio, doença, extinção, como creem outras culturas? Esse é um problema de filosofia da história, de economia, de política, de sociologia e, inevitavelmente, de psicologia cultural, a que procurei dar uma contribuição. Com efeito, não é o corpo a ter necessidade de muitos vestidos para se cobrir, mas a mente a procurar garantias, aumentando as quantidades (Zoja, 2003b). O crescimento infinito das atividades humanas – também da sexualidade – se realiza em um mundo finito, encontrando alguns limites e traduzindo-se em declínio. Desde o século XIX, por exemplo, a quantidade de objetos produzidos não fez mais do que crescer. Contudo, contemporaneamente a qualidade do ar, das águas, do solo não fez outra coisa que piorar.

É demais simplista seja responder que a história é feita de retornos circulares, seja, no outro extremo, afirmar que ela implica um avanço contínuo. Continuando com nosso tema, devemos nos perguntar se a história da libertação sexual, e da sexualidade como um todo, pode se manifestar em ciclos. Na segunda parte deste livro, notaremos como muitos dados agora afirmam que não segue um desenvolvimento linear, o que, aliás, quase sempre acontece nos assuntos humanos.

## País imenso, mercado imenso

Completemos agora a viagem histórica da "libertação sexual".

A dimensão do mercado americano, unida a um seu inato interesse pelas novidades, precisamente depois da morte de Freud, assegurara a expansão de um freudismo de massa, antes impensável. Contudo, enquanto isso acontecia, o imenso espaço econômico preparava também seu ocaso. Lei implacável das grandes orientações consumistas é, com efeito, a contínua substituição dos produtos: seja das mercadorias, seja da cultura ofertada (por mais que a sucessão das ideias seja mais lenta que a dos objetos). Essa desilusão final era já implícita na convicção inicial, que Freud havia obtido de seu encontro com os Estados Unidos. "A América é um erro[6], gigantesco, é verdade, mas não por isso menos grave" (Jones, 1997, p. 84).

6. Literalmente "*mistake*" no original.

## A aventura empírica do sexo

Por sua dimensão, sua laicidade, seu pragmatismo e até mesmo por certas ingenuidades que consentiram a não interrupção de seu voo no meio do ar, antes os *Relatórios Kinsey* (1948 e 1953), depois *A resposta sexual humana* de William H. Masters e Virginia E. Johnson (1966) e, por fim, o *Relatório Hite* (1976) eram estudos que podiam ser realizados só na América e, muito provavelmente, só pela geração pós-guerra. Foram as "bíblias de um novo culto", a libertação sexual.

Os três textos analisaram, pela primeira vez sem exclusões, as múltiplas formas de sexualidade praticada nos Estados Unidos, como se o conceito de *melting pot*, concernente a sua população, fosse então inconscientemente aplicado também à sexualidade. Em outras palavras, um de seus elementos fundantes, o *First Amendment*, que garante liberdade e pluralidade, encarnado na Constituição já em 1791, esteve sempre presente no inconsciente cultural da sociedade americana. E empurra-o em direção a uma extensão sua não só para os comportamentos públicos, mas também para a vida íntima. O costume evolui em direção a um pluralismo que não tem a ver só com os grupos dos quais a sociedade se compõe, mas também com os diversos planos sobre os quais ela age: privados ou públicos, imaginários ou pragmaticamente políticos.

Esses estudos eram patrocinados por instituições médicas ou científicas; ao mesmo tempo, respondiam a motivações personalíssimas de seus promotores. As pesquisas despertaram curiosidade pública e, circularmente, pondo-se em seu centro, promovem-na. Estudando algumas categorias de satisfação sexual não nomeadas anteriormente, não obstante amplamente difusas, autorizam-nas. Como no início da Bíblia, "nomear" quer dizer trazer à existência o que antes não existia.

## Voyeurismo e vida privada interferem na ciência

Uma vez colocadas em movimento, as "três bíblias" acabaram então sendo menos neutras do que proclamaram. Ademais, nenhum olhar que tenha sido lançado à sexualidade pode ficar tão externo, frio e assexuado quanto gostaria. Representa exatamente aquilo que a massa do público espera, sem sabê-lo ou, pelo menos, sem nomeá-lo. O voyeurismo – a necessidade de conhecer o sexo deixando-se contagiar por sua excitação – é, com efeito, um componente não excepcional e patológico, mas primário, muito antigo, universal da própria sexualidade.

Os trabalhos de Kinsey e de Hite basearam-se na compilação de questionários da parte de quem tinha aderido à iniciativa. Eles, assim, expuseram-se à crítica de objetividade discutível. Conquanto bem-intencionado no nível consciente, quem consegue ser juiz imparcial quando relata sobre si mesmo, particularmente no campo sexual? James H. Jones (1997), biógrafo de Kinsey, reconheceu como a complexa – e reprimida – vida sexual do cientista o teria levado a transformar em uma missão pessoal o combate ao puritanismo da América.

William H. Masters e Virginia E. Johnson planejaram, por sua vez, estudar diretamente em seu laboratório a prática da sexualidade. Os horários e os correlatos íntimos (como a cama ou os lençóis) dessas atividades, de costume bem pessoais, eram então institucionais. Isso contrastava com uma característica central e dificilmente eliminável do eros: a substancial unicidade de suas manifestações.

Também na vida, os dois estudiosos não foram capazes de abster-se totalmente dessa mistura de elemento pessoal-subjetivo e elemento científico-objetivo, uma vez que, após se conhecerem com o propósito de estudar a sexualidade, começaram uma relação; em seguida, casaram-se e depois se divorciaram, mas continuaram a colaborar nas pesquisas.

Apesar das imperfeições semelhantes, aos Estados Unidos deve ser dado o mérito de serem os primeiros no mundo a colocar à disposição daqueles estudiosos financiamentos, institutos e, sobretudo, um vasto espaço cultural em que se poderia ter o primeiro grande debate "aberto" e público sobre esse tema privado.

## A sexualidade humana é mensurável?

No século XXI, o mundo fica devendo a esses pioneiros. Eles provavelmente contribuíram para a história da cultura, mais que para a da medicina. Hoje está mais claro o que já no tempo deles teria preocupado quem quisesse conhecer a fundo a vida sexual. De saída, seu núcleo está além da mensurabilidade. O impulso biológico do sexo humano não é totalmente separável do afetivo; ou, pelo menos, mesmo quando isso seja negado ou inexistente, de uma curiosidade e intencionalidade transzoológica que ainda reside na conduta humana, uma vez satisfeita a carga animal.

Cada orgasmo, qualquer que seja o gênero da pessoa que o experimenta, não será nunca idêntico a um outro: não só ao de uma pessoa diferente, mas também a um outro orgasmo de um mesmo sujeito. Com efeito, o orgasmo compõe-se de dois elementos: o biológico, cujas medidas poderiam também levar a considerar que se repete substancialmente igual; e o psicológico, que, toda vez, é repersonalizado pelo mundo de imagens interiores, sentimentos e emoções a que se associa. Os estados de ânimo, os sonhos de cada sujeito não repetem jamais literalmente os que experimentaram antes, mesmo que em curto espaço de tempo. A psiquê é complexa e estruturalmente contraditória.

## O inconsciente é monogâmico?

Quem é psicanalista conhece essa complexidade. Escuta de seus pacientes frases contraditórias como: "Enquanto eu fazia amor com Carla, pensava em Carla"; mas também: "Enquanto eu fazia amor com Carla, imaginava que fazia amor com Helena". A mesma coisa, ou talvez algo ainda mais complexo, acontece na mente das mulheres, e nas relações homossexuais. Na Grã-Bretanha, 80% das mulheres e até 98% dos homens têm fantasias com pessoas diferentes do próprio parceiro[7].

O que expressa esse "excesso de desejo"? Dizer que um parceiro não nos contenta é uma tautologia. Por que não nos satisfaz, visto que fomos nós a preferi-lo em relação a outros? Os órgãos sexuais tendem, por natureza, à fecundação. Para garanti-la, no momento do ato, basta aquele parceiro: aliás, ocupar-se com uma terceira pessoa traz o risco de interromper a função natural. Contudo, o eros é composto de funções psíquicas, além daquelas biológicas. Seu objetivo psicológico é o conhecimento, a inclusão, frequentemente também a parcial submissão do outro. Na heterossexualidade – que certamente não exaure o problema – procura adquirir ou incorporar aquilo que o outro sexo possui mais do que o nosso: uma maior complexidade de sentimento e capacidade de relação que o homem vê na mulher, uma maior energia e propensão a projetar que a mulher supõe no homem.

"Conquistas psíquicas" semelhantes não são jamais suficientes, porque a mente, diferentemente do corpo, continua a crescer: é o que torna a vida humana tão interessante. Depois do orgasmo, o físico é abrandado, porém a mente de imediato recomeça. Assim a psiquê, que é complexa e procede por símbolos, produzirá um eros excedente, geralmente sob forma de fantasias sexuais em aparências supérfluas. Em si, isso não chega a ser patológico, é um sinal de vitalidade, de necessidade de conhecimento e integrações, compatível com uma vida ordenada, monogâmica inclusive.

---

7. *The Guardian*, seção internacional, edição *online*, 23 de abril de 2016 (https://www.theguardian.com/theguardian/mainsection/international/2016/apr/26/all). Como veremos, os dados sobre a sexualidade dos cidadãos da Grã-Bretanha são os mais completos do mundo.

## Empirismo e sexualidade

A sexualidade foi lançada para o centro do mundo moderno por Freud, grande representante do gênio criativo austro-húngaro judeu. Contudo, ao prosseguir com nossas páginas, notaremos que a quase totalidade das pesquisas a que podemos nos referir é anglo-saxã, ou seja, provém dos Estados Unidos ou da Grã-Bretanha. O próprio empirismo, que é a pedra angular da tradição cultural deles, permitiu abordar, com a máxima neutralidade científica, aquela vida íntima que, por definição, não pode nos deixar indiferentes e neutros.

Esse esforço de "objetividade científica" é enorme e necessário. Todavia, tem uma contraparte, um custo não pequeno e difícil de mensurar, que se torna o pano de fundo epistemológico. Esse modelo de conhecimento requer um "desenraizamento humanístico da sexualidade". Sua compreensão e suas terapias não focam mais o homem em sua totalidade, mas somente as entidades mensuráveis em que se manifesta. Para ficar na psicanálise, sonhos e pesadelos podem ser associados a muito sofrimento, até mesmo expressar vivências íntimas que preparam para um suicídio, porém, em si, não têm manifestações quantitativamente mensuráveis, então são ignorados. Essencialmente, as "três bíblias" ocupam-se de estatísticas de maneira anti-humanista: enquanto, para acompanhá-la longe de qualquer castigo, cada pessoa que sofre de experiências não quantificáveis, como pesadelos, deveria ser compreendida e atendida individualmente.

## Um novo *melting pot*: a integração das minorias na sexualidade

Por eros, entendemos um impulso originário e inconsciente, que se expressa em formas não racionais, difíceis de controlar e programar, absolutamente individuais. Por sua natureza, foge às intenções conscientes e às classificações.

É, pois, muito difícil aplicar em condutas sexuais minoritárias a categoria clínica, redutiva e limitante, de perversão. Pode-se somente procurar prevenir ou punir as expressões do instinto que causem dano a outros, por exemplo aos menores durante o crescimento. Quanto ao voyeurismo, ele, essencialmente, pertence a todos. Em nível consciente e ordinário, o público quer ser informado para ter confirmação da própria "normalidade" em comparação aos pervertidos. De maneira menos consciente, toda a população busca, ao mesmo tempo, um estímulo sexual: ativa, pois, o próprio componente voyeurista. Obtém assim o contrário, uma confirmação de que o voyeurismo é universal, não pervertido, portanto.

Ninguém nunca é totalmente neutro ao observar a sexualidade alheia. Se essa é diferente da que pratica habitualmente, em nível consciente dirá que a rejeita, porém, com seu embaraço, deverá, por vezes, reconhecer ter experimentado também excitações, ou pelo menos curiosidade. Esse fato mesmo, por conseguinte, despatologiza o voyeurismo, fazendo-o passar de conduta doente a potencial que diz respeito a todos, substancialmente normal. Como vimos, o eros é necessidade de inclusão total. Não basta reprimir as manifestações patológicas da sexualidade: se não entende seu escopo, voltarão a se repetir.

Embora o seu procedimento estatístico despersonalize e, portanto, contradiga a atenção ao indivíduo que está na base da psicanálise, a onda de pesquisas sobre a sexualidade do americano médio que resultou nas "três bíblias" foi decisiva. Introduzira uma visão não moralista e objetiva da vida íntima. Avaliando a infinita variabilidade dos comportamentos sexuais, já o primeiro estudo de Kinsey concluía:

> [...] dados científicos [...] demonstram que, se as circunstâncias tivessem sido favoráveis, a maioria dos indivíduos teria se orientado em qualquer

> direção [do comportamento sexual], mesmo para atividades que agora lhes parecem absolutamente inaceitáveis (Jones, 1997, p. 556).

Depois de todo o processo, portanto, era inevitável chegar a um dos resultados mais notáveis: em 1973, a APA (American Psychiatric Association) apagou a homossexualidade do elenco das patologias.

## Em marcha rumo à despatologização e descriminalização

Sob a pressão dos ativistas, também as leis se adequam. Na sentença Roe vs. Wade, também essa de 1973, a Corte Suprema dos Estados Unidos declarou inconstitucional boa parte das normas que, em cada Estado, limitam a liberdade de interromper uma gravidez. Só meio século mais tarde, em 2022, inicia na América o cancelamento desse direito, correspondendo a uma inversão nas tendências subjacentes que concernem à sexualidade.

Em uma precoce globalização de ideias, essas renovações dos anos de 1960 e 1970 expandiram-se nos continentes, voltando à Europa. Tudo será aí compendiado no termo "revolução sexual", estendendo-se com uma rapidez inesperada também em países como a Itália e a Espanha, onde se considerava que a força da Igreja pudesse combatê-la. Os pontos de chegada são a lei que introduz na Itália o divórcio (1970), deixando relativa a obrigação à fidelidade conjugal; e a que oferece à mulher, entre as intervenções públicas, o aborto voluntário (1978): isto é, uma – relativa – liberdade de não sofrer a consequência de uma relação sexual. Na Espanha, as leis correspondentes foram aprovadas logo após o fim da ditadura de Franco, que havia durado quase 40 anos: em 1981 e em 1985. Os novos governos espanhóis eram esmagados pelas necessidades de renovação política e social, no entanto essas medidas destinadas à vida privada foram consideradas prioridades.

## As revoluções sexuais são relativas

Cada época conheceu mudanças de costume que poderiam ser chamadas "revoluções sexuais". Basta pensar na afirmação do cristianismo no mundo antigo. A crescente promiscuidade do Império Romano fora condenada pela nova religião e substituída por uma insistência na monogamia, na fidelidade, no culto à família, e isso era acompanhado por uma visão negativa do sexo em si.

Com o Renascimento, as classes não condenadas a uma existência de miséria começaram a retomar para si um direito geral aos prazeres. Nos anos de 1700, o jogo sedutor e a libertinagem deixaram profundos traços no costume, sobretudo na Itália e em particular em Veneza: um profeta dos modernos direitos democráticos como Montesquieu ficara escandalizado, mais do que pelo infinito número de "cortesãs" que ali habitavam, pelo fato de que os costumes foram afrouxados o suficiente para permitir a muitas esposar homens de respeito.

A sociedade burguesa dos anos de 1800 buscara trazer de volta a castidade, sobretudo a feminina. Contudo, já naquele século, em Londres, muitos intelectuais rebelaram-se. Viena seguirá sem grande distância. Em seguida, os anos de 1900 serão atravessados por uma laicização e liberação da sexualidade.

Como observávamos, as revoluções sexuais são reversíveis porque se inscrevem nas mudanças de costume, de política, de religião. Por qual razão, então, a revolução do século XX deveria ser irreversível? O que nos faz pensar que tenha sido uma renovação das condutas íntimas destinada a permanecer?

As mudanças que ela trouxe foram produzidas só em medida reduzida por ideólogos ou por autoridades político-legislativas. Na parte esmagadora, vieram da base social, da vida cotidiana: de um mercado que a "libertação" pode ter inicialmente promovido, mas de que, em seguida, se alimenta. Ela constitui um fator econômico-social deixado em uma corrida que nenhum político se atreveria a barrar.

O primeiro elemento, muito visível, que faz a revolução sexual aparente ser irreversível é, pois, sua conexão com a economia. Se a liberdade do eros fosse reprimida, países inteiros poderiam tropeçar e se machucar. Nos imensos setores do vestuário, dos cosméticos, do *fitness*, do entretenimento, a maioria dos produtos, diretamente ou não, promove o assim considerado *sex appeal*. São espaços que mais à frente chamaremos "colaterais da sexualidade": com efeito, eles dela dependem. Tomemos nota: dependem de um clima erotizado, não da vida sexual, que pode também estar ausente.

## Revolução e transcendência

A segunda razão pela qual quase não conseguimos imaginar um retorno aos antigos costumes sexuais é cultural. Praticamente em todas as religiões a sexualidade tinha algo de sagrado e estava ligada a algum tabu. E um "resíduo de valores transcendentes" restou apenso também nas convenções burguesas no Ocidente já laico dos séculos XIX e XX. A revolução sexual não teve a ver tanto com a presença ou não da nudez, nas telas ou nas praias; nem com a permissão recebida pelos adolescentes de levar o parceiro sexual para casa onde vivem com os pais. Foi, em vez disso, uma saída daquela dimensão mais ou menos religiosa. Dos espaços infinitos da transcendência e do tempo infindo em que a sexualidade havia convivido com o sagrado. A revolução sexual é sobretudo uma laicização do eros.

Todavia, antropologia e psicanálise nos dizem que uma convicção de sacralidade tão amplamente compartilhada não pode ser abolida em pouco tempo só porque é irracional e improdutiva. Retomaremos esse tema nas conclusões.

Se, no costume em geral, um valor é substituído por um outro bastante rapidamente, sem que um substituto de equivalente carga psíquica tenha o tempo para lançar raízes, o velho continuará a viver no inconsciente, manifestando-se na superfície em formas distorcidas. Assim, com frequência repetiu-se que a Revolução Bolchevique iludira-se de ter abolido em poucos anos o czarismo, mas o czar reaparecera logo, não obstante se chamasse Stalin.

No Ocidente, por sua vez, a sociedade aberta e a liberdade de restrições ("negativa") deixavam simplesmente um espaço disponível sem substitutos.

Iniciamos este livro chamando a sexualidade de "terra prometida" nas renovações dos anos de 1900. Cada terra prometida não é somente um torrão, mas um credo e uma nova dimensão de vida. Externamente a sociedade se laicizava, enquanto, secretamente, os valores transcendentes confluíam para espaços novos. Não só a política, que para muitos se tornara uma fé. Com a "autorização ao eros" dos anos de 1960 e 1970, por um lado, a sexualidade enveredara precocemente pela via do consumismo, por outro, formaram-se casais livres – alguns também homossexuais – que viviam a paixão erótica em sua potência arcaica. E, como os líricos gregos, romanos e orientais, sentiam o quanto era transformadora. Depois – exatamente isso ocorre em todas as épocas – a paixão estava indo embora, mas a transformação fixara-se para sempre. A razão disso é um mistério, e por isso é difícil mensurar cientificamente a sexualidade. De outra parte, com frequência, o mistério é mesmo um dos elementos constitutivos do eros.

Alguém poderia ficar tentado a pensar que a libertação sexual entrou a tal ponto no pensamento dominante para obter um consenso, ou ao menos uma aceitação realística; então, a ponto de não mais oferecer oportunidades para um forte combate. Não é assim, contudo. Seja em seu início, seja na sequência, a oposição não se limitara à Igreja Católica ou a instituições semelhantes da parte das quais parecia óbvia.

Como veremos, o problema é mais complexo. Dificilmente a laicização e a *marketização* do eros serão revertidas. Ambas, no entanto, estão perdendo sua relação originária com a sexualidade. Esta poderia também se dissolver sem que o desaparecimento seja visível sobre a superfície da vida cotidiana.

## As profecias de Sorokin

Pitirim A. Sorokin não foi apenas um opositor do bolchevismo. Como muitos pensadores da tradição russa, foi também um profeta. Previa catástrofes. Com quase três gerações de distância, deve ser relido porque diversas das suas avaliações se revelaram corretas.

Sorokin foi o primeiro docente de Sociologia em São Petersburgo (1919-1922). Contudo, por ser anticomunista, emigrou para a América e fundou o ensino sociológico em Harvard. Em 1955, isto é, em um período em que a sociologia está afirmando sua influência nos Estados Unidos, tornou-se presidente da American Sociological Association. No ano seguinte (1956), publicou *The American sex revolution*. Esse texto contém moralismos rígidos, mas também uma extraordinária intuição, já que antecipa a revolução sexual, que se desenvolverá com os movimentos políticos das duas décadas sucessivas. No século XXI, os conservadores americanos o citam com frequência como uma obra visionária. Contudo, ele tem seguidores também em outros países, em particular aquele em que Sorokin nascera. O puritanismo de Vladimir Putin não surgiu no vazio.

Muitas de suas declarações têm o tom de profecia. “Se [...] os anarquistas sexuais constituem uma parte considerável dos membros de uma sociedade, eles acabam por destruir a própria sociedade” (Sorokin, 2021, p. 151).

Como frequentemente acontece a quem empreende cruzadas contra a sexualidade, Sorokin deixa a impressão de uma implacabilidade ligada a algum problema pessoal. Ao mesmo tempo, permanece um profundo estudioso da sociedade, e que tentou avaliar as consequências a longo prazo, enquanto os contemporâneos eram tomados pelo entusiasmo para o sexo livre. A sociedade, diz pouco depois,

> raramente consegue deter essa deriva catastrófica e em geral é levada à maior ruína. Uma sociedade moralmente forte e cumpridora da lei não pode ser alcançada quando um grande número de seus membros são egoístas niilistas preocupados com o prazer. Inevitavelmente, esses homens e mulheres entram em conflito entre si e são levados a uma violação crônica de imperativos morais e legais e a uma transgressão contínua dos interesses vitais uns dos outros (Sorokin, 2021, p. 161).

Essas afirmações soam exageradas, mas contêm certas previsões cuja realização vimos na sociedade americana, para além da esfera sexual: o egocentrismo que se degenera no narcisismo, a polarização sociopolítica, a litigiosidade legal que a torna um paraíso para os advogados, mas um inferno para os cidadãos. Nas décadas sucessivas, esses traços se estenderam por todo o Ocidente.

Outras vezes, porém, no ímpeto sexofóbico, Sorokin erra crassamente o alvo, como quando associa a maior permissividade sexual ao crescimento das doenças mentais (Sorokin, 2021, p. 140). Um sociólogo deveria saber que uma correlação é frequentemente significativa, porém não corresponde a uma causação. Em muitos lugares socialmente degradados, distúrbios psíquicos e licenciosidade (expressa por uma alta taxa de prostituição ou de gravidez não programada em mães menores de idade) estão ligados de maneira evidente: o que os une, porém, é justamente a degradação, não a liberdade sexual. Prova disso é ela ser frequentemente praticada até mesmo por reis e pela alta sociedade, sem que o fato por si só provoque psicopatologias. Se a pobreza sumisse de certos bairros, diminuiriam tanto as doenças mentais quanto o número de prostitutas e o de mamães-bebê. Em outras ocasiões, a profecia de decadência lançada por Sorokin resulta, por sua vez, precisa, para quem a relê no século XXI. Contudo, seu raciocínio atribui ao relaxamento dos costumes sexuais um exagerado papel de *causa* central, em vez de fenômeno concomitante, em um desaparecimento mais geral dos valores tradicionais.

Sorokin prevê também a queda do comunismo porque o tinha visto em prática internamente: mas aquele colapso tivera mais relação com a economia que com a intenção de desmantelar o matrimônio e a família, autorizando amores livres, por ele condenados ferozmente. Essa orientação caracterizou a primeira fase da União Soviética. Na realidade, tanto a precoce liberação erótica quanto a sucessiva moral oficial puritana não foram tomadas bastante a sério pela maioria dos cidadãos, preocupada, antes de tudo, com ir às compras (Sorokin, 2021, p. 185-188).

Corretamente, porém, Sorokin (2021, p. 88) identifica uma certa analogia entre uma dependência forçada pela satisfação sexual e a pela droga: ao fim, diversos comportamentos compulsivos podem proceder paralelos e conduzir a perdas de autonomia equivalentes. Também na toxicodependência, com efeito, o mal do qual se libertar não é tanto a droga em si mesma, mas a escravidão de algo que não se controla: a substância consumida, tomada em quantidades razoáveis, pode até mesmo ser classificada como nutrimento, o que acontece com vinho[8]. De maneira análoga, ver o

8. Cf. meu *Nascere non basta. Iniziazione e tossicodipendenza* (Zoja, 2003a, cap. 2).

sexo como um mal em si é uma intolerância típica de grupos que se defendem da realidade, porque faltam instrumentos culturais necessários para integrá-la. Quando um sujeito dispõe de pouca liberdade, está mais tentado a substituí-la por uma ideologia.

Estendendo à sexualidade seus vastos estudos acerca da mudança social, Sorokin (1937-1941) não avança previsões só sobre a decadência americana, mas enuncia uma teoria de ciclos em que o progressivo relaxamento dos costumes acompanha uma primeira e breve liberação criativa. Depois, em sua opinião, pode-se esperar uma desintegração imparável: em um lapso compreendido entre os 30 e 60 anos, o impulso construtivo desaparece (Sorokin, 2021, p. 193-194).

Os principais exemplos apresentados por ele baseiam-se nos períodos longos e bem conhecidos, por conseguinte são quase irrefutáveis. Os costumes sexuais dos antigos gregos relaxaram nos séculos V e IV a.C., quando sua civilidade toca os vértices mais altos da história humana; algo similar atravessa a Itália do século XIII ao século XVII. Em ambos os casos, nos períodos sucessivos, a excelência da cultura se desvanece: a arte decai junto com os costumes (Sorokin, 2021, p. 195-198). Mas justamente por estarmos falando de fases criativas nunca antes vistas, uma pergunta surge instintivamente. Aquela que o artista propõe em tais períodos é um pedido de liberdade sem precedentes, para oferecer à mente espaços sem precedentes. Não se poderia considerar parte dessa dinâmica criativa a busca de espaços novos também para os corpos? O criador procede em equilíbrio sobre uma lâmina muito fina: de um lado, fica a muita liberdade, que o atira na desordem, do outro, a muita limitação, que o castra. Pode só avançar sobre o fio da navalha.

Sorokin continua a ver um copo meio vazio enquanto negligencia outros que não estão apenas meio cheios, mas até mesmo transbordando: deveríamos renunciar ao melhor do mundo clássico e renascentista só porque, presumivelmente, se praticava sexo em excesso?

## Dois artistas do eros

Na Modernidade europeia, a vida e a produção de Egon Schiele e David Herbert Lawrence representam personificações daquela que Jung chamou "inadaptação" (Jung, 1959, p. 51). O artista é, a seu pesar, influenciado por um "complexo autônomo" que o obriga a "permanecer afastado da estrada principal [...], seguir seus próprios anseios [e] encontrar aquilo de que os outros, sem o saber, sentiam falta" (Jung, 2011, p. 84).

O "complexo" é, no artista, um fogo criativo, a que o pintor Schiele e o escritor Lawrence não podem dizer não, e que em ambos os casos corresponde ao eros. O criador simplesmente não tem alternativas, não sabe, nem pode, desobedecer a seu demônio. Não o faz por conveniência de mercado: ao contrário, se não tivessem seguido o eros, esses dois artistas teriam economizado em alguns problemas judiciários e com a hostilidade de uma grande parte do público.

Tiveram dificuldades, mas os tempos estavam amadurecendo. Schiele vivia na Viena freudiana, portanto respirava uma corrente intelectual que soprava em direção oposta à repressão sexual. Lawrence, na pátria do liberalismo. Contudo, nenhum dos dois – nem mesmo o escritor inglês, que criticava abertamente Freud – podia prever as consequências: a exclusão da burguesia, o sucesso tremendo. De qualquer forma, quase não puderam gozar desse último: Lawrence morreu aos 44 anos, Schiele, aos 28. Poder-se-ia dizer com Jung que o inconsciente deles, como ocorre a um artista, conseguia entender antecipadamente uma necessidade coletiva de libertação erótica. Contudo, neles, a produção desenfreada sobre esses temas respondia antes de tudo à urgência de libertar o demônio interno: uma pressão sem limites, aliviando-a realizavam um ato autoterapêutico. A tempestade que os arrebatava era – em outros tempos, assim seria dito – divina. A mente deles era, por sua vez, humana, e poderia ter entrado em colapso se tivesse resistido demais ao demônio.

## Gênio e desregramento

Os períodos de grande inovação são acompanhados também por quebras nos esquemas tradicionais de comportamento. Isso é, em essência, inevitável, enquanto pertence ao arquétipo da erupção. Representa um fato impessoal e quase eterno, que nem o sujeito criador, nem o ambiente em que opera podem controlar. O mote "gênio e desregramento" contém uma certa verdade, contanto que aqui não se confunda uma contemporaneidade com uma causação. Ao sujeito criativo se podem conceder margens mais amplas que o normal no consumo de álcool e drogas. Porém, o contrário não vale. Quem vive em um ambiente de artistas frequentemente os imita bebendo excessivamente ou usando drogas, mas, se esse comportamento parte da conformação a modelos externos em lugar de uma urgência interior, tudo se exaure em uma intoxicação sem resultados artísticos.

Sorokin havia profetizado com bastante antecipação as degenerações comerciais da revolução sexual na América. O novo conceito de *sex appeal*, intrigante e autorizado, insinua-se em tudo o que é ofertado no mercado (Sorokin, 2021, p. 124), também no que concerne às crianças. Eis uma origem da precoce sexualização das meninas americanas e dos relativos concursos de beleza. Além disso, o produtor de cosméticos entende que, em vez de vender um batom, poderá vender dois: um para mãe e outro para filha, que imaturamente a imita. Os concursos de beleza infantil injetam no mercado de massa uma nova emoção estética, sob a qual se insinua a pedofilia. Esta penetra no inconsciente coletivo tão fundo que parece triunfar sobre qualquer proibição, embora, nos próprios Estados Unidos, as leis a ataquem com extrema severidade (cf. Sorokin, 2021, cap. 2 inteiro)[9].

---

9. Por motivos culturais, as meninas estão mais expostas ao perigo dos homens: cf. as publicações da APA na seção *Sexualization of Girl* (https://www.apa.org/pi/women/programs/girls).

O estudo de Sorokin é menos convincente quando se confia em descobertas percentuais, já então em voga. A música, que antes celebrava Deus, na ópera canta hinos de amor. Ao fim do século XIX, lamenta o sociólogo, 95% das letras de música americana são seculares. Porém, isso é necessariamente negativo? Talvez a música tenha melhorado a qualidade da vida humana seja ocupando-se do céu, seja abordando a terra.

Para Sorokin, um outro veículo de hipersexualização é o cinema. A esse respeito, as pesquisas lhe dizem que, já em 1930, 45% dos conteúdos concerniam às relações entre os sexos e 28% à criminalidade. Todavia, também Ésquilo, o primeiro dos três trágicos gregos, abrira sua trilogia com a paixão adúltera de Clitemnestra, que a leva a assassinar o marido. A tragédia antiga não anuncia uma degeneração em direção à permissividade, mas quase o contrário. Os diálogos contêm paixões eróticas proibidas e horrendos crimes: ensinam ao público que o caminho deles é fácil de começar, muito difícil de parar. Nomeiam-nos, mas jamais os mostram. Na Antiga Grécia, era proibido trazer à cena o delito e a sexualidade. Mais que na presença do sexo, uma degeneração pós-moderna pode ser vista no desaparecimento do pudor e respeito, a que acenaremos no fim do livro. O cinema de Hollywood segue um código de autocensura dos produtores que, também no século XXI, limita muito as cenas de sexo. Apesar disso, como qualquer espetáculo, pode ser, às vezes, "despudorado".

## O conservacionismo

Se algum texto define Pitirim A. Sorokin como *conservador*, é provável que o apresente negativamente. Na maior parte das línguas ocidentais, "conservador" corresponde a uma avaliação desfavorável.

A coisa muda se dizemos *conservacionista*. Em si, o pensamento de Sorokin tem uma origem progressista, por isso, na juventude, fora preso três vezes pela polícia do czar. Observando as devastações da guerra e da Revolução Bolchevique, tornou-se mais pessimista. Para melhorar a sociedade ocidental, que via escorregar para o consumismo, pensava ser necessário reativar as qualidades de amor não sexual altruístico, que estudava na sociedade medieval, mas para qual encontrava um correspondente na solidariedade de certas comunidades rurais americanas. Os estudos sociológicos, afirma, concentram-se sobre o crime, a psicopatologia, os desvios, temas que não inspiram o cidadão, ainda que movimentem a indústria do espetáculo e da comunicação. Por isso, antes da sua crítica à revolução sexual, publica *Altruistic love* (1950) (Mangone & Dolgov, 2019).

Consideraremos, por conseguinte, a postura de Sorokin como "conservacionista". A narrativa semiconsciente que guia a ele e a seus seguidores tem mais analogias com o ambientalismo sucessivo que com a direita nacionalista, da América ou da Europa. Naqueles tempos, quase não se podia falar de conservacionismo. No entanto, à luz do caminho seguido pelas gerações subsequentes, essas escolhas continham uma boa dose de previsão. Na fantasia inconsciente, sexualidade e natureza estão unidas por uma origem comum.

## Retorno à natureza na América: de *Walden* a *Silent spring*

Bem antes da chegada do cinema e da televisão, *Walden ou a vida nos bosques*, de Thoreau, tinha se tornado, nos Estados Unidos, o ícone da narrativa romântica: na metade do século XIX, condensava já filosofia de vida, anticonsumismo, sentimento poético inspirado pela natureza e sugestões práticas para voltar a habitar em seu ventre. Também no 1900, continuará a ser o arquétipo de uma vida harmoniosa.

Transcorrida já a metade do século XX, o *best-seller Primavera silenciosa*, de Rachel Carson (1962), marcará a irrupção vitoriosa do conservacionismo sobre a cena cultural americana. Esse texto exprimia em um único abraço tanto a continuação de um canto oitocentista romântico à natureza quanto uma primeira floração da crítica anticapitalista predominante nas décadas sucessivas. Era até uma antecipação dos temas apocalípticos difusos no século XXI. Sua condensação de análise política, química e literário-cultural fazia explodir em cada livro a maior crítica ambientalista da América. Contemporaneamente revelava uma escritora-divulgadora de grande influxo poético. Como se não bastasse, *Primavera silenciosa* levava precocemente à atenção pública – a par com economistas e docentes universitários, àqueles tempos todos homens – uma mulher, nem sequer formada, que fora capaz, contra forças políticas e econômicas esmagadoras, de impor limites no uso dos pesticidas e fazer que fosse banido o emprego universal do DDT. Com um livro documentado, mas poético, transpassou de horror os leitores ao contar-lhes "uma fábula para amanhã" (Carson, 1962). Em seu "*Haverá* uma vez", Carson colocava sob os olhos de então muito daquilo que vemos hoje. Bosques secos, espécies desaparecidas, céus primaveris silenciosos como espectros onde os pássaros não voam mais, porque agonizam depois de terem engolido insetos, por sua vez, intoxicados por pesticidas.

## Contracultura americana: romantismo e hiper-realismo

Notamos como os Estados Unidos, útero da revolução sexual na segunda metade dos anos de 1900, já em décadas precedentes eram perpassados por necessidades históricas de renovação: inseparáveis, porém, daquelas de conservacionistas, naturalistas e neorromânticos, que, em muitos aspectos, faltavam nos movimentos juvenis europeus dos mesmos anos. O mês de maio de 1968 paralisou Paris, seguido de greves de milhões de trabalhadores, e desencadeou protestos juvenis similares nos maiores países europeus: tratara-se, no entanto, de movimentos urbanos. Na América, os maiores protestos civis foram os pela Convenção Democrática de Chicago, também no ano de 1968: em seu auge, porém, os jovens aparentemente somavam pouco mais de 10 mil. Por sua vez, o Festival de Woodstock de 1969 foi uma imersão *rural*, que, em todos os sentidos, fez época: chegaram a contar meio milhão de participantes.

A contracultura americana foi, essencialmente, diferente da europeia. Jamais monopolizada pela política, inclusive músicos ou poetas entre os líderes; e, quando era possível, privilegiou a natureza acima da cidade. Era inevitável, portanto, que a nudez, os instintos, a sexualidade e, em geral, os corpos constituíssem um dos seus elementos fundantes: assim, falara-se especificamente de "revolução sexual americana", e bem pouco da "revolução sexual europeia"[10].

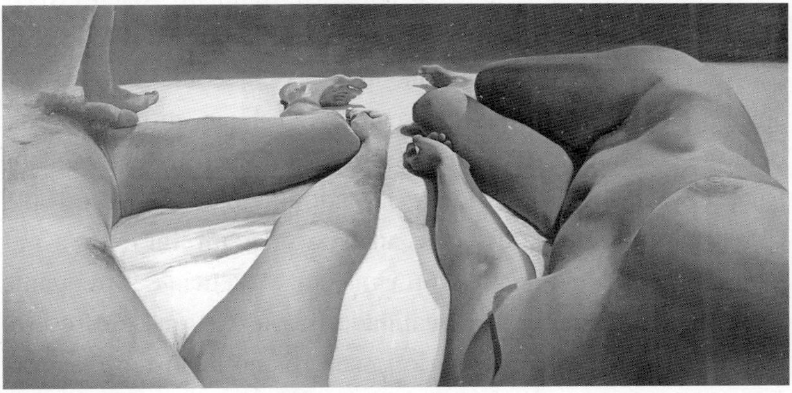

*1. Joan Semmel, Intimacy-Autonomy, óleo sobre tela, 1974. Nova York, Brooklyn Museum. © Joan Semmel, by SIAE 2022. (Foto cortesia de Alexander Gray Associates, NY).*

---

10. Tomemos a literatura sobre os "movimentos" do período de protesto, entre o fim dos anos de 1960 e o fim dos anos de 1970, nos dois países europeus em que o protesto contracultural foi mais longo e culminou na luta armada: Itália e Alemanha. Apesar do grande número de volumes, nenhum capítulo aborda a revolução sexual em: Marino (2004), nem em Balestrini e Moroni (2003), nem em Aust (1998), e tampouco em Aly (2008). Finalmente, em Koenen (2002), o sexto capítulo é intitulado "Mitos de uma revolução sexual", mas ele os desfaz; finalmente, na obra coletiva *Enciclopedia del* '68 (Bascetta et al., 2008), uma breve passagem na página 362 avisa: "O que caracterizou os movimentos de 1968 foi o fato de considerar a libertação sexual um 'gesto político'".

Uma imagem que resume a sexualidade da nova cultura nos é oferecida pelas pinturas de Joan Semmel. Depois de um período abstrato, a artista pintou com hiper-realismo os corpos nus. Em *Intimacy-Autonomy*, ela oferece literalmente ao espectador uma mudança de perspectiva. Em polêmica feminista com a pornografia, ela insiste sobre a sexualidade como visão estética repousante, em que os corpos se relaxam, deixando implícita uma relação recém-consumada.

## Wilhelm Reich e a utopia dos orgônios

Tanto na Europa quanto na América, Wilhelm Reich (1897-1957), Erich Fromm (1900-1980) e Herbert Marcuse (1898-1979) tiveram uma grande importância histórica, como estágios de aproximação à sexualidade do século XXI. Hoje, entre os jovens, bem poucos ouviram falar desses nomes. O pensamento deles é fruto do judaísmo secularizado culto do início dos anos de 1900. Como para Freud meio século antes, a raiz cultural deles afunda no materialismo positivista. Uma consequência é a frequente coincidência de amor e sexualidade nos textos que eles escrevem; uma outra, a presença do materialismo histórico marxista na concepção de eros que eles propõem.

Tudo isso é particularmente evidente em Reich, que, em 1929, visitou a União Soviética. Ao retornar, já estava convencido de como a libertação sexual deveria se realizar junto com a mudança revolucionária das estruturas socioeconômicas. Escreveu, por conseguinte, um texto educativo para promover a "batalha sexual da juventude" (Reich, 1932).

Diferentemente das expectativas do autor, o Partido Comunista da Alemanha hesitou em publicá-lo. Assim, Reich teve que fundar uma editora própria, na qual o ingênuo e corajoso livro veio à luz. O quinto capítulo intitula-se "A revolução social como condição preliminar da liberação sexual" e começa assim:

> Se a questão sexual da juventude não pode ser resolvida no capitalismo, devemos demonstrar às massas jovens que o socialismo pode fazê-lo. Hoje, não é difícil prová-lo: que país do mundo ofereceu de fato tanto à juventude como a União Soviética? (Reich, 1932, p. 115).

Segundo Reich, apesar dos muitos discursos, a repressão sexual capitalista crescera, particularmente na Itália, enquanto a União Soviética oferecera liberdade. O livro conclui-se com um questionário em que os jovens são convidados a expor perguntas e opiniões. Não se pode, todavia, fugir à impressão de que o autor não tinha realmente falado com mente livre, com aquele espírito que queria, por sua vez, incutir nas novas gerações. Em teoria, a sua fé não vacilava e muito menos os seus planos. Em prática, quando, à chegada do nazismo, fora obrigado a emigrar, Reich não escolheu a União Soviética, mas os Estados Unidos como destino.

Em seus estudos, interessou-se pelo caráter (*Charakteranalyse*, 1933) dos sujeitos a serem tratados, concentrando-se em como eles obteriam o orgasmo na maneira mais completa e a melhor possível, o que coloca de novo o problema da mensurabilidade. Em relação a qual padrão? Quando se pode afirmar que um orgasmo é "melhor" que outro? Levando às últimas consequências o materialismo de Freud, Reich cunhou um conceito-limite entre a dimensão biológica e a psíquica: os "orgônios", concebidos como cargas não visíveis aos olhos, mas que se podiam medir. Reich construiu contêineres especiais em que o paciente era trancado para melhorar suas cargas "orgônicas". Hoje se pode pensar que os resultados obtidos dependeram não tanto de ter submetido os sujeitos a caixas chamadas "acumuladores orgônicos" (inicialmente curioso, também Einstein o experimentou, para depois logo rejeitar), mas das projeções positivas (*transfert*) que podia inspirar nos pacientes seu temperamento vulcânico. Evidentemente, em um primeiro momento, isso acontecera também com o cientista.

Nos Estados Unidos do macartismo, as pesquisas de Reich lhe angariam a hostilidade do público, a acusação de charlatanismo e uma pesada sentença quando se recusou a colaborar com a justiça.

Ele foi um homem apaixonado, coerente com ideias pelas quais ele pagou pessoalmente, e, ao mesmo tempo, contraditório. Foi vítima de perseguição, mas também de suas próprias ideias persecutórias. Sofreu de verdadeiros delírios paranoicos. Morreu na prisão, depois de uma vida transcorrida entre Europa e América, trágica no plano das relações sexuais antes mesmo daquelas políticas. As autoridades dos Estados Unidos destruíram não poucos de seus artefatos e de seus livros. Disse-se que, como sua mente, assim sua escola de pensamento acabou em ramo seco. Na realidade, Alexander Lowen, seu aluno de Nova Iorque, por sua própria vez filho de imigrantes judeus, fundou a bioenergética, hoje escola de psicoterapia internacional entre as mais prósperas.

## Erich Fromm e Herbert Marcuse, amor e biologia

Como os outros dois pensadores de que falamos, Fromm é considerado um dos principais representantes do freudo-marxismo. É também recordado entre os fundadores da Escola de Frankfurt, sua cidade natal. Comparado a outros intelectuais seculares, em sua educação a religião teve, porém, maior influência, que nele sobrevive como pensamento de um judeu secular humanista. Criticou Freud não só pela pouca atenção reservada aos problemas da sociedade, mas também porque seu materialismo tende a limitar o homem à biologia, e o torna pessimista. Em vez disso, um forte otimismo percorre os escritos de Fromm; isso lhe garantiu um vasto público, sobretudo americano. Seu livro mais conhecido e influente continua a ser *A arte de amar* (1956). Dedicado a todos os aspectos do amor, ele aparece, significativamente, no ano em que inclusive fora publicada a feroz crítica de Sorokin à revolução sexual.

Também Fromm nota que

> espírito de grupo, tolerância mútua, e assim por diante, é um passo relativamente recente. Foi precedido, durante os anos que se seguiram à Primeira Guerra Mundial, por um conceito de amor em que se acreditava a satisfação sexual ser a base para um casamento feliz (Fromm, 2016, p. 95).

Fromm faz aqui referência à influência da República de Weimar sobre seus anos formativos. Seu pensamento prossegue com uma crítica do tecnicismo biológico proposto pelas "três grandes bíblias da revolução sexual", encontradas depois da emigração para os Estados Unidos.

Comentando as mudanças da vida íntima americana depois da Segunda Guerra Mundial, a propósito do amor sexual escreve:

> Acreditava-se que as razões da frequente infelicidade no casamento residiam no fato de os dois cônjuges não terem encontrado o "acordo sexual" correto; as razões desse erro foram atribuídas ao desconhecimento do comportamento sexual "correto" e, portanto, à técnica errada de um ou ambos os cônjuges (Fromm, 2016, p. 95).

Aqui Fromm expõe uma perspectiva sobre os problemas eróticos que não é "demonstrável" biologicamente, mas contém uma intuição ainda atual, se buscarmos entender as devastações sexuais do século XXI.

> A ideia subjacente era que o amor é o resultado do prazer sexual e que, se duas pessoas apren-

> derem a satisfazer-se sexualmente, mais cedo ou mais tarde, elas se amarão. Era opinião comum que, utilizando a técnica correta, a solução era encontrada não apenas para os problemas técnicos, mas para todos os problemas humanos. O fato de que o oposto é verdadeiro foi ignorado. O amor não é consequência da satisfação sexual adequada, mas a felicidade sexual – e o conhecimento da chamada técnica sexual – é consequência do amor (Fromm, 2016, p. 95-96).

Dessa forma, Fromm se abstém declaradamente do causalismo materialista, que havia contido uma parte de Freud no século XIX, enquanto transmitia seu ensinamento ao século XX. É quase sempre redutivo dizer que as disfunções sexuais sejam "causadas" por um defeituoso funcionamento biológico: toda manifestação de sexualidade é, em alguma medida, diferente da outra, e praticamente todas revelam fatores concomitantes, tanto orgânicos quanto psicológicos. Fromm afirma então um princípio válido também hoje. Sua correção, porém, deve ser, por sua vez, revista.

> O estudo dos problemas sexuais mais frequentes – a frigidez nas mulheres e as formas mais ou menos graves de impotência psíquica nos homens – demonstra que a *causa* não reside no desconhecimento da técnica adequada, mas na inibição que impossibilita amar (Fromm, 2016, p. 95, itálico meu).

A reversão proposta por Fromm era necessária: a explicação "técnica" prejudicava não só uma mais completa compreensão, mas também uma perspectiva humanista, a que não se pode renunciar em um campo como a sexualidade, em que a medicina se vincula inseparavelmente a psicologia, sociologia, antropologia, ética. Infelizmente, porém, também aquela de Fromm é uma simplificação. Não é a insuficiência técnica que causa a amorosa, mas nem mesmo se pode dizer que a dificuldade de amar – como Fromm literalmente escreve – "cause" os obstáculos de técnica sexual amatória. O causalismo positivista dos anos de 1800, segundo o qual o mundo se exauria em sua materialidade, expulso pela porta em favor de perspectivas culturais ou humanistas mais largas, já entrou novamente pela janela: ou, melhor, apareceu em um reflexo inconsciente de Fromm. Na inextricabilidade entre técnica sexual e amor transfisiológico – feito de sentimentos e responsabilidades que se revelam decisivas, mas não só mensuráveis no corpo –, podemos só dizer que os dois elementos estão ligados por um *processo circular*. Às vezes (na verdade, com frequência) é a intensidade do sentimento que influencia o desempenho erótico-físico; mas por vezes será a técnica sexual (difícil de aperfeiçoar se falta um recipiente afetivo adequado) que promove o primeiro fator, alimentando um círculo virtuoso – que pertence a cada época – resumível como "harmonia de casal".

Uma das dinâmicas decisivas que, nos anos de 1960, darão forma aos movimentos juvenis americanos foi, na metade do decênio precedente, a polêmica entre Fromm e Marcuse. Se muitos recordam o segundo como ideólogo do protesto estudantil, sua controvérsia com Fromm, por sua vez, se perdeu como detalhe especializado. Ela é, porém, importante se queremos construir um fio que, atravessando as inovações de Freud e a libertação sexual, chegue à desorientação dos adolescentes de hoje e ao frequente colapso das identidades corpóreas deles.

Em *Eros e civilização* (publicado em 1955, portanto logo antes de *A arte de amar*), Marcuse atacou o revisionismo freudiano e sobretudo Fromm. Não se devia abandonar a centralidade atribuída por Freud ao instinto. Renunciando à biologia, a teoria de Fromm definia as personalidades em termos de valores culturais, desatados pela repressão que impede a satisfação instintiva: tudo se torna um confronto moral, desvinculado do "princípio da realidade" que Freud postulou (Marcuse, 2001, p. 249s.).

Na realidade, também os conceitos "biológicos" usados por Marcuse acabam por tirar os pés do chão, tornando-se abstrações sem relação com o corpo que gostariam de descrever. No prefácio da nova edição de *Eros e civilização*, talvez encorajado por movimentos juvenis que tinha desejado encorajar, escrevia que "o protesto [dos jovens] continuará porque é uma necessidade biológica" (Zoja, 2009, p. 98; Marcuse, 2001, p. 45). O próprio fato de ter acabado demonstra que, ao contrário, era uma tendência cultural limitada. Seu conceito de pulsão freudiana deixou para trás toda verificabilidade e relação com o mundo material quando se referia às "tendências instintivas [*sic*: não políticas ou culturais] à paz e à serenidade" (Marcuse, 2001, p. 93). Herbert Marcuse era um judeu alemão fugido do nazismo bem a tempo. Por décadas, paz e serenidade estiveram ausentes da Europa. Podia ele ainda pensar que fossem "instintos" universais?

Com *Eros e civilização*, o freudo-marxismo chegou a seu clímax. Ao mesmo tempo, entra em fase terminal: ao longo do texto, Marx não é nomeado uma só vez.

## Conservadorismo e conservacionismo do amor no século XXI

Zygmunt Bauman pode ser considerado um dos mais influentes pensadores da Europa entre a segunda metade do século XX e o início do XXI: chamá-lo europeu é a denominação adequada a um judeu-polaco, sobrevivente do nazismo ao fugir para a União Soviética, depois entrou em colisão com a Polônia comunista, enfim naturalizado inglês depois de uma estadia em Israel. Para quase todos os aspectos foi um sociólogo progressista, e a propósito secular. Entretanto dois de seus textos dos anos de 2000 são uma crítica à prática laica da sexualidade e do amor. Sob esse perfil, podem ser chamados conservacionistas, se não conservadores.

As ideias de Bauman foram difundidas com sucesso em muitos países. A força de certos conceitos seus como "amor líquido" não reside em precisas definições socioantropológicas, mas é simbólica e evocativa. O imaginário coletivo tinha a necessidade delas e estava pronto para recebê-las: podem então oferecer a nosso tema o fio para entrar no século XXI.

Bauman critica o materialismo sexual contido nas "três bíblias" americanas do segundo pós-guerra: "Sexo, erotismo e amor estão conectados e, todavia, separados" (Bauman, 2013, p. 22). Sem entrar em categorias ou debates pós-freudianos – e apesar de ter sido amplamente educado no materialismo nos países comunistas –, Bauman reivindica logo o direito de não se limitar à expressão física dessas realidades, portanto as distingue com força.

Destaca, também, sem hesitação, o desejo do amor: "o desejo é a brama de consumar", recorda ele, mas essa afirmação típica de sociólogo não lhe impede de fazer-se logo um psicólogo:

> [...] absorver, devorar, ingerir e digerir – aniquilar. O desejo não requer outro estímulo senão a presença da alteridade. Esta presença é sempre e já uma afronta e uma humilhação. Desejo é o desejo de vingar a afronta e escapar da humilhação. É uma compulsão para preencher a lacuna com a alteridade [...] e, ao fazê-lo, deslegitimá-la (Bauman, 2004, p. 14).

O olhar do sociólogo que critica o consumismo se funde com aquele psicanalítico: "Nossa época é uma na qual os filhos são, antes de qualquer outra coisa, objetos de consumo emotivo" (Bauman, 2004, p. 58).

É significativo que, exatamente no início do século XXI, Bauman defina a "revolução erótica pós-moderna" como um "truncamento dos elos do erotismo de um lado com o sexo (em sua função essencialmente reprodutiva) e, de outro, com o amor" (Bauman, 2013, p. 52). Chegamos ao uso impróprio, e inconscientemente ansiógeno, que o novo século pode fazer do desejo. De fato:

> Na cultura pós-moderna tenta-se garantir a emancipação da atividade inspirada no erotismo dos constrangimentos impostos, em nível biológico, pelo potencial reprodutivo do sexo e, em nível cultural, das reivindicações do amor por uma fidelidade eterna e rigorosamente seletiva, em substância exclusiva (Bauman, 2013, p. 52).

O percurso iniciado um século antes por Freud com a análise do "amor sexual" conclui-se. Em culturas anteriores, fatores como eros, sexo e amor podiam ser unificados. No mundo clássico, quando um homem era "possuído por Afrodite", isso estava muito claro, o sujeito não podia fazer nada a respeito disso, a fronteira com o abuso sexual, a violência ou o consenso da parceira – ou do parceiro – não eram identificáveis. Já a Igreja de Roma introduz distinções. Amar é uma obrigação, mas para a sexualidade necessita de uma permissão específica, dada pelo matrimônio: no complicado percurso, o eros poderia sofrer danos. Com um análogo apelo ao monopólio da verdade, também o monoteísmo da União Soviética acabou transmitindo os esquemas da sexualidade correta.

A definição de Bauman volta a abraçar em uma única visão todos os elementos em jogo (eros, sexo, amor), sem que por trás de cada um dos três se esconda só o instinto, como pretendera Freud. Esforça-se assim a restituir humanismo a um sexo drenado e literalizado.

Aonde essas mudanças nos vão levar? Procuraremos discuti-lo mais à frente. De qualquer forma, acabamos de observar como cada geração e também cada autor muda um pouco de perspectiva. Ao nível consciente, tem-se em consideração novas informações.

Mais inconscientemente, cada um tende a reagir às posições precedentes, correndo o risco de exagerar na direção oposta.

## O paradoxo do avanço feminista

Para o momento, limitamo-nos a sublinhar um paradoxo, já conhecido no feminismo. Um século de lutas para os direitos das mulheres, que coincidiu com o das lutas para uma liberdade sexual a ser experimentada e gozada em si mesma, levou a uma contradição. Com os anticoncepcionais e a despenalização do aborto, ao menos em princípio, uma mulher pode experimentar a sexualidade sem a ansiedade para sua mais séria consequência, o colocar um filho no mundo.

Contudo, isso é o que acontecia aos homens de sempre. A nova identidade feminina apoia-se sobre um fundamento paradoxal: a aquisição de uma liberdade que ressoa aquela arcaica dos seres masculinos[11]. Só se toma consciência disso gradualmente:

> [...] apesar das vozes alarmadas que se levantaram no movimento feminista na década de 1990 para denunciar o chauvinismo inerente à revolução sexual, o equilíbrio desta liberalização ainda apresenta muitos aspectos negativos (Scaraffia, 2019, p. 203).

Veremos quais sinais esses problemas podem ter deixado no século XXI.

## Uma perda

Antes de passar aos dias de hoje, observemos se deixamos passar algo que ainda pertence ao ontem.

11. Cf., por exemplo, Scaraffia (2019, p. 189). A autora se define tanto feminista quanto católica.

Até aqui, procedemos dentro da narrativa dominante: comercializada, conformista, mais ou menos burguesa também quando assume uma veste intelectual. Não muito diversamente da globalização – a visível e pública dilatação das atividades econômicas –, a libertação sexual atravessou os anos de 1900 e todo o mundo, representa a renovação privada e não utilitarista daquela mutação da economia.

Dos anos de 1980, o sucesso de Margaret Thatcher transformou em argumento universal a simplificação ideológica sobre em que sua política se baseava: Tina, isto é, *There Is No Alternative*.

Contudo, como a massa, ou pensamento único, dá por sabido que não há alternativa para o livre mercado, assim a maioria foi inconscientemente convencida de que não existiam alternativas à libertação sexual dos adultos, contanto que não prejudiquem menores de idade ou incapazes. Como se diz que a ampliação do mercado tenha levado a grandes ganhos globais – então o sistema deve ser aceito porque respondeu aos crescentes desejos de objetos –, assim se crê como garantido que a queda das barreiras sexuais tenha doado à humanidade uma maior e melhor satisfação dos impulsos eróticos. Tanto os indivíduos quanto a sociedade globalmente viveriam com menos ansiedades o "desejo"; assim experimentariam também uma relação mais relaxada com o próprio corpo.

Se, porém, as neuroses e as patologias psíquicas eram globalmente contáveis, os números nos diriam que elas estão em crescimento: os dados dos Estados Unidos, mais completos que a maior parte dos países, marcam aumentos muito fortes nas psicopatologias dos menores de idade, então dos futuros adultos (Richtel, 2022). Cresce também o número de *disorders* que a psiquiatria americana classifica em seu DSM, o *Manual diagnóstico e estatístico de transtornos mentais*. Em particular, parece desmoronar-se o modo em que os mais jovens vivem o próprio corpo. Os adolescentes fazem cortes nos braços e nas pernas, quando se intoxicam o fazem para fugir do próprio estado mais que para entrar com meios químicos em um mais agradável (em si, o consumo *per capita* de álcool ou psicofármacos usados como drogas pelos adolescentes não parece trágico, inclusive diminuiu), desconfiguram-se para odiar melhor a si mesmos diante do espelho, tentam o suicídio com a intenção de devastar aquele suporte de carne repulsivo que, apesar de tudo, e até não achar outro, é a condição de sua existência.

Afastaram-se de muitas convenções burguesas, mas frequentemente para trocá-las por um inferno.

É, portanto, necessário indagar-se: A libertação privada da sexualidade, junto à pública da política liberal, poderia ser vista não só como uma aquisição, mas também como uma perda?

## A angústia do tornar-se adulto e das responsabilidades

Com a espécie humana, a sexualidade completou um salto evolutivo. Uma relação psicológica foi adicionada à física. Em *Emílio*, Rousseau considera os meninos e as meninas iguais e inconscientes até a puberdade. Somente depois nascem o conhecimento, os juízos, as preferências, todas as etapas necessárias sem as quais não poderiam chegar ao amor. Para Kant, acompanhar os homens de maneira que aprendam a escolher é a coisa mais importante e, junto, a mais difícil. No século XXI, em que crescer se tornou bem pouco natural, Susan Neiman (2015) retoma os dois filósofos ligando o desenvolvimento físico com o da responsabilidade. A sexualidade é um imenso salto que divide em duas a vida dos indivíduos. Freud suspeitara que três fossem as missões intermináveis da humanidade: a educação dos filhos, o governo dos povos e o completamento de uma análise. A isso, Neiman adiciona outra. Mais simples, porém, no fundo, realmente impossível, se não até mesmo subversiva: tornar-se adulto (cf. Neiman, 2015, cap. 3).

Na vida humana, o surgimento da sexualidade é um corte profundo, que vale para a evolução pessoal, mas também para a das sociedades. Na antropologia de Lévi-Strauss, as culturas crescem a partir das regras que colocam em relação homens e mulheres. A sexualidade é o fato físico, a que se adiciona um imenso, ulterior espaço metafísico, povoado pelo mito, pela magia, por forças externas se não superiores ao homem. Em tal território, que excede o biológico, residem rito e religião: não obstante, naquelas mais institucionalizadas, o papel deles é sobretudo prescritivo e negativo. Se não houvesse a sexualidade, a moral e diferentes mandamentos seriam esvaziados.

Contudo, aquele mundo, povoado por forças ulteriores, corresponde à imensa parte "encantada" da vida pré-moderna e pré-racional. A psicanálise e a antropologia descobriram que, mesmo na Modernidade, esse espaço irracional constitui ainda um grande componente de nossa atividade psíquica. Até porque muito do tempo humano é ocupado pelo sono, povoado de sonhos irracionais, ou por um pensamento não concentrado nem finalizado, então não lógico.

A palavra "encantado" se diz em alemão *Ver-Zaubert* (*Zauber*: "magia", "encanto"). O *Zauber* não é, de maneira alguma, uma simples ausência de racionalidade. É uma presença de sentido muito denso e mágico, que perdemos.

A lâmina que cortou a modernidade daquele passado nos deixou riqueza, tecnologia e "racionalidade"; contudo, de outra parte, nos excluiu, talvez para sempre, de um sentido da vida que, todavia, continuamos a procurar.

As palavras que melhor concentram essa laceração vêm de Max Weber (2018, p. 78):

> A crescente intelectualização e racionalização não significa [...] um crescente conhecimento geral das condições de vida a que se está submetido. Significa algo diferente: a consciência ou a fé de que, se alguém quisesse, poderia tomar cons-

> ciência disso a qualquer momento, isto é, que não há, em princípio, forças misteriosas e imprevisíveis em jogo, mas que se pode, em vez disso, em princípio, dominar todas as coisas por meio de cálculos racionais. Mas isto significa o desencanto do mundo [*die Entzauberung der Welt*].

Então, não devemos mais nos engraçar com forças mágicas, como fazia o homem tribal: podemos concentrar nossos pensamentos nas soluções tecnicamente mais favoráveis de todos os problemas.

Chegados, porém, a esse ponto, Weber indaga-se:

> [o] processo de desencanto, que perdura há milênios na cultura ocidental, e em geral este "progresso", do qual a ciência constitui um elemento e uma força motriz, tem algum significado que vá além do nível puramente prático e técnico?

Essa pergunta leva Max Weber a procurar um encaminhamento em Lev Tolstói, que se havia já indagado se a morte tinha sentido ou não. A resposta era que é privada de sentido *para o homem civilizado* (Weber, 2018, p. 78-79).

A conclusão de Weber é irrefutável e válida ainda hoje, embora escrita há mais de um século. Um sentido "ulterior" não é desaparecido só na morte, mas também na vida: então na origem da vida, o tema que estamos tratando, o eros. O sociólogo resume assim essa contínua, subterrânea erosão:

> [...] a vida individual do homem civilizado, inserida no "progresso", no infinito, não poderia ter, pelo seu significado imanente, qualquer fim. Na verdade, sempre há mais progresso a ser feito diante daqueles que estão dentro; ninguém, ao morrer, atingiu o clímax [...]. Abraão ou qualquer agricul-

> tor dos tempos antigos morreu "velho e satisfeito com a vida", visto que estava no ciclo orgânico da vida, pois a sua vida, mesmo no que concerne a seu significado, trouxe-lhe na noite do seu dia o que poderia lhe oferecer, já que não havia mais quebra-cabeças que ele quisesse resolver e, portanto, poderia ter "o suficiente". Mas um homem civilizado [...] pode ficar "cansado da vida", mas não saciado dela. Do que a vida do espírito produz continuamente, ele apreende apenas a menor parte, e sempre apenas algo provisório, nunca definitivo: portanto, a morte para ele é um acontecimento sem sentido. E como a morte não tem sentido, o mesmo acontece com a vida da cultura como tal, que precisamente em virtude de sua "progressividade" sem sentido confere à morte um caráter de absurdo (Weber, 2018, p. 78-79).

Como o estado psíquico não é mais correspondente só à experiência do sujeito – a isso que o século passado chamava de *Erlebnis* –, mas é "mensurado" por testes e pelo DSM, assim a "forma" física se torna obsessão e é definida não por uma autopercepção, mas por parâmetros externos, como os desempenhos sexuais ou as opiniões sobre nosso corpo que aparecem nas redes sociais. A dificuldade de ter "sensações fortes" (Bauman, 2013, p. 41) ou de torná-las mais fortes (cuja necessidade não é sentida no corpo ou na mente, mas de novo é "lida" nas redes sociais) conduz a um abaixamento da autoestima. O que inicia uma renúncia ao eros, ao amor e, circularmente, à sexualidade, em círculos viciosos que podem corresponder à principal nova psicopatologia do século XXI: o "isolamento social", versão moderna da acídia (Bauman, 2013, p. 41)[12].

---

12. Cf. também o capítulo 3 do meu *Psiche* (Zoja, 2015a).

A condição acidiosa é o estado inconsciente preparatório à morte do desejo e ao isolamento erótico. O homem moderno, descrito por Weber no início dos anos de 1900, percorre a vida destinado a uma morte sem sentido. Era só questão de tempo e seria constatado o que vemos hoje: foi esvaziado de sentido também o emblema mais privado da existência, o centro da sexualidade chamado "pequena morte"[13]. Assim, sempre mais frequentemente, as novas gerações conhecem a maturação física, mas não a do desejo.

Até agora, procurou-se tornar mensuráveis as problemáticas do amor e para elas se esperam soluções técnicas.

Contudo, esse não é o único modo de enfrentá-las. Em tempos não remotos, a paciência podia ser um componente do eros.

Em 16 de julho de 1903, Rainer Maria Rilke escrevia a um "jovem poeta":

> Você é tão jovem, está tão longe de qualquer começo, e gostaria de lhe pedir o máximo que puder, querido senhor, que tenha paciência com o que ainda não está resolvido em seu coração e que tente valorizar as próprias questões. Viva agora as questões [...] e não odeie nada. Sexo é difícil; é verdade. Mas é o difícil que nos foi confiado, quase tudo o que é sério é difícil, e tudo é sério... A volúpia corporal é uma experiência sensível, não diferente do olhar puro ou do sentido puro, com que uma bela fruta enche a língua. [...] E não que a gente goste, é ruim; o ruim é que quase todo mundo faz mau uso dessa experiência e a desperdiça ou a aplica como estímulo nos lugares cansados de suas vidas e como distração em vez de concentração para o topo. Os homens até transformaram a alimentação em outra coisa... turvaram a clareza desta necessidade, e

13. A partir do francês *la petite mort*, a maioria das línguas ocidentais chama de "pequena morte" o esvaziamento psíquico que segue o orgasmo.

> igualmente turvas estão todas as necessidades profundas e simples nas quais a vida se renova (Rilke, 1980, p. 30-34, carta de 16 de julho de 1903).

Rilke volta no tema com o mesmo interlocutor, em uma carta de Roma em 14 de maio de 1904. Enquanto todo o gênero masculino reside no interno de um sentido de superioridade, suas palavras sobre os futuros papéis da mulher e do amor são esplendidamente proféticas:

> [...] temos que nos ater ao difícil [...]. Amar também é bom: porque amar é difícil. Amar-nos como seres humanos: esta é talvez a tarefa mais difícil que nos é imposta, o extremo, a última prova e testemunho, trabalho, para o qual todos os outros trabalhos são apenas preparação. Portanto, os jovens que são iniciantes em tudo ainda não sabem amar: devem aprender... aprender a amar [...] só agora chegamos a considerar a relação de uma única criatura humana com uma segunda única criatura sem preconceitos e objetivamente, e nossas tentativas de viver tal relacionamento não têm modelo diante de si [...]. A menina e a mulher, em sua nova evolução, serão apenas por um breve período imitadoras dos maus modos masculinos e repetidoras das profissões masculinas. Após a incerteza de transições semelhantes, será demonstrado que as mulheres apenas passaram pela variedade e inconstância desses disfarces (muitas vezes ridículos) para purificar o seu ser mais íntimo das influências deformantes do sexo oposto. As mulheres, nas quais a vida é mais imediata, mais fecunda e confiante, acabarão por se tornar seres humanos mais maduros, mais humanos que o homem leviano [...] (Rilke, 1980, carta de 14 de maio de 1904).

Isso parece até mesmo uma referência ao escrito *Sobre a mais comum depreciação na vida amorosa*, de seu concidadão Freud, que, porém, o publicará em 1912, enquanto a carta é de 1904. Rilke prossegue assim:

> Esta humanidade da mulher suportada na dor e na humilhação, quando ela deixou de lado as convenções da feminilidade exclusiva nas metamorfoses do seu estado externo, virá à tona, e os homens que ainda não sentem que isso acontece hoje ficarão surpresos e impressionados [...]. Um dia existirão a menina e a mulher, cujo nome não significará mais apenas um contraste com o masculino, mas algo em si, algo para o qual não pensaremos como complemento ou limite, mas apenas como vida real: a humanidade feminina. Este progresso transformará (a princípio contra a vontade dos homens ultrapassados) a experiência do amor, agora cheia de erros, irá mudá-la por baixo, remodelá-la-á numa relação pretendida de humano para humano, não mais de macho para fêmea (Rilke, 1980, p. 48-53, carta de 14 maio de 1904).

# PARTE II

# A DRENAGEM DO EROS

*Da suma liberdade vem a maior e mais feroz escravidão.*
Platão, *A república*

## Do sucesso à indiferença

Por que deixa de ser interessante alguma coisa – um produto, um tema, ou também a parte mais íntima da conduta humana – que, por um século, teve um sucesso ininterrupto?

Por que um crescimento se torna um encolhimento? E por que essa mudança corresponde àquela do milênio?

A mente humana tem uma necessidade originária de geometria. Uma tranquilidade interior reconquistada expressa-se nos sonhos de muitas pessoas com figuras simétricas, ordenadas. Jung estudou um tipo particular dessas imagens, as mandalas concêntricas, cuja pintura no Oriente pode ser atividade artística, meditativa e sagrada ao mesmo tempo. Exatamente por essa necessidade natural de ordem e geometria, é também instintivo associar a certos números redondos um significado particular. Contudo, trata-se, de fato, de projeções de nossas mentes que buscam equilíbrio. Essas ansiedades pessoais não funcionam com os eventos significativos do mundo, porque obedecem a outras leis.

Os cristãos esperavam que o ano 1000 trouxesse acontecimentos extraordinários. Contudo, não foi assim: Por que uma ordem cósmica deveria ter dado ouvido a uma minoria de crentes, visto que a maior parte do mundo não era cristã?

Como aquelas da aproximação ao ano 1000, golpeiam as fantasias coletivas que foram difundidas à véspera do ano 2000. Temia-se quase uma punição divina, manifestada de maneiras laicas e modernas como rebelião de nosso principal servo, o computador. Um objeto sobre o qual se projetava a onipotência que, mil anos antes, pertencia a Deus. O *y2k* ou *millennium bug* ("*bug* do milênio") deveria ter feito a computação falhar.

Nada acontece, nem sequer naquele momento. Mais precisamente, as pessoas que tinham ido dormir na noite de 31 de dezembro de 1999 não acordaram em um mundo diferente em 1º de janeiro de 2000. Tudo o que aconteceu se tinha desenvolvido na psiquê. O pânico do *y2k*, exatamente como o do ano 1000, foi um frêmito do inconsciente coletivo. Controlá-lo com a racionalidade, a qual nos diz que se trata de um medo infundado, não é nada suficiente. Muitas ansiedades difundidas são fatores psíquicos autônomos e incontroláveis: se alguém é vítima de pesadelos sabe bem que a decisão de não os ter mais não basta para fazer com que eles desapareçam. Voltarão no ano 3000, se ainda houver seres humanos.

## Uma surpreendente curva

Para quem examina as tendências de longo período, o ser humano segue trajetórias desconhecidas e jamais estudadas antes. Ao dizer "ser humano", pretendemos sobretudo sua psicologia: e não deveríamos esquecer que uma boa porcentagem da atividade mental é inconsciente. Uma parte, menos consciente do que se desejaria, é a que nos empenhamos a descrever neste livro: a sexualidade. Sua prática continuou a crescer pelos tempos de Freud, quando se tornou objeto de estudo, mas agora nos surpreende com uma queda. Em essência, seu percurso começa a delinear o perfil de uma cúpula. Igualmente surpreendente é o fato que um evento assim histórico até então não tenha suscitado interesse.

No ocaso da sexualidade, pelo menos no Ocidente, existem, sim, publicações e debates. Mas certamente a quantidade não representa um em cem, nem sequer um em mil, da resposta que havia obtido Freud ao dar à sexualidade um papel central.

## Uma outra cúpula global

Antes de descrever a queda internacional da sexualidade, procuramos uma analogia que prepare o pano de fundo do discurso. Existe uma outra tendência que parece envolver toda a humanidade – ou ao menos sua população hegemônica, o Ocidente – a qual, ao longo das décadas, registrou um crescimento e um declínio surpreendentemente iguais. Também essa se apoia no fundamento biológico de nossa existência. Contudo, enquanto a sexualidade é associada à parte baixa do corpo, essa linha descreve os desempenhos de nossa cabeça, então daquela alta.

Como recordamos, as atividades mais importantes da mente não podem ser mensuradas. Na linguagem coloquial, nós falamos de quociente de inteligência (Q.I.) e de teste de inteligência. Mas, se respeitamos a mente e a inteligência verdadeira, deveríamos evitar isso: limitarmo-nos a dizer que *certos desempenhos da mente* – não a mente ou a inteligência mesma – são mensuráveis. De qualquer forma, faz sentido fazê-lo, porque essas classificações têm sua utilidade. Infelizmente, a mensuração do Q.I. é frequentemente útil sobretudo para marginalizar. Quem tem um quociente demasiadamente baixo dificilmente será capaz de desenvolver trabalhos complexos. Ao contrário, um quociente alto será um bom ponto de partida para atividades que a maioria gostaria de desenvolver. Porém se tratará de uma condição necessária, mas não suficiente para obter um trabalho bem respeitado e um salário condizente. Menos ainda a mensuração do Q.I. poderá servir para encontrar um sentido na vida.

## *Flynn Effect* e *Negative* (ou *Reverse*) *Flynn Effect*

O professor James Flynn era um docente universitário americano, emigrou para a Nova Zelândia nos anos de 1960 em busca de um ambiente no qual suas ideias progressistas encontrassem mais espaço que nos Estados Unidos.

Começou a estudar os quocientes de inteligência em diversas partes do mundo, para opor-se às teorias racistas segundo as quais os negros teriam constitucionalmente menos inteligência que os brancos. Não foi difícil para ele demonstrar como o ambiente, por conseguinte o nível de educação, influenciava a pontuação alcançada. Isso, portanto, não podia depender somente da genética. Contudo, exatamente ao continuar a acumulação de dados sobre Q.I. por muitos anos e em diversas zonas, Flynn notou uma outra variação. Durante a segunda metade do século XX, os Q.I. continuavam a crescer, pelo menos nos países desenvolvidos onde eles eram mensurados. Nas descobertas, 100 representa a média (ou a mediana: mas podemos negligenciar essa distinção), pela qual quem chega a um número superior tem o quociente bom, e vice-versa. Com os anos, porém, crescia a porcentagem de quem superava o 100. Assim, periodicamente, necessitava calibrar de novo a escala em um nível mais alto. Em suma, a inteligência do cidadão médio crescia e, visto que foi ele a percebê-lo, o fenômeno foi chamado Efeito Flynn (*Flynn Effect*).

Infelizmente, o otimismo que esse melhoramento das capacidades humanas tinha infundido não durou muito para o professor neozelandês, que era um grande leitor de textos clássicos, então conhecia certamente o mito de Hesíodo, segundo o qual na origem do homem reside uma decadência: antes vem a idade de ouro, depois a de prata e assim por diante até chegar àquela do ferro.

Próximo ao fim dos anos de 1900, os diagramas que mostravam o crescimento do Q.I. começaram a aplainar-se. Depois – com todas as hesitações que implica a agregação de dados provenientes de cada parte do mundo, tirar dela alguma conclusão e divulgá-la (sobretudo se é negativa) – os estudos que tantos países dedicavam ao *Flynn Effect* apresentaram uma novidade: a curva tinha começado a descer. Inevitavelmente, o fenômeno foi chamado *Negative* ou *Reverse Flynn Effect*[14].

---

14. Para uma lista da literatura científica disponível, cf., por exemplo: Dutton, Van der Linden e Lynn (2016).

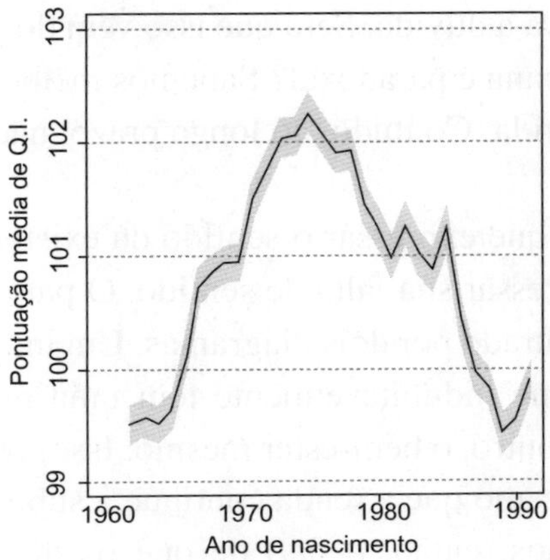


*2. Pontuação média de Q.I. registrada em pessoas do sexo masculino nascidas na Noruega entre 1962 e 1991. Fonte: Bratsberg e Rogeberg (2018).*

Retomaremos esse tema na última parte. Isso expressa um fio que estamos buscando manter subliminarmente ao longo de todo o livro: a insustentabilidade dos crescimentos infinitos, de qualquer tipo; e a "contraprodutividade" em que deslizam os sistemas humanos complexos, uma vez superado um certo limiar.

## Psiquê e números

Ainda uma vez, devemos notar quanto são vãs as tentativas de tornar em cifras ou diagramas o que é importante para avaliar a existência humana. A necessidade de quantificá-la é uma expressão indireta de nossa busca por sentido. Se também conseguimos nos convencer de que uma vida tem mais sentido do que outra, não existem números no mundo que permitam demonstrá-lo de maneira convincente. Provou-nos o assim conhecido "racismo científico", obtendo os piores resultados da história.

Um elemento que contrasta a possibilidade de mensurar exatamente o que parece importante para a vida é a introdução do tempo como variável: vimos isso no paradoxo de Easterlin. Aqui nasce instintiva a dúvida. Será que isso vem do fato de que toda a condição humana é paradoxal? Sabemos melhorar momentaneamente nossa vida. Contudo, no longo prazo, não sabemos apagar a morte.

Mais fácil que expressar o sentido da existência, seria provavelmente expressar sua falta de sentido. O paradoxo de Easterlin pode ser refigurado por dois diagramas. Um indica o crescimento econômico, que indubitavelmente tem uma relação com nosso bem-estar. O outro, o bem-estar mesmo. Isso, cedo ou tarde, para de crescer, mesmo que a renda continue a subir.

Interessa-nos, então, o fato de que os diagramas coletivos, embora sejam compostos agregando milhões de pessoas, conservam uma visível parentela com aqueles individuais.

Se nós, por exemplo, mensurarmos a riqueza total ordenada de um país, salvo casos raros, ela continuará a crescer. Mas a seus cidadãos, aos políticos, aos economistas, mais que o crescimento interessará a taxa de crescimento. E a linha que lhe corresponde seguirá facilmente o perfil de uma cúpula. Como os indivíduos, os países podem entrar em uma fase de desenvolvimento. O crescimento deles, porém, não é eterno: facilmente acelera, mostra-se impetuoso, depois fica mais lento. Às vezes, até mesmo se apaga, ou se inverte, deslizando em queda. Aconteceu a nações importantes como o Japão, a Itália e, ainda mais clamorosamente, a Argentina.

Não deveria então surpreender que a mais clássica mensuração dos desempenhos mentais, o Q.I., para o conjunto chamado Ocidente que representa a burguesia mundial, tenha seguido um andamento similar durante o meio século ou mais em que foi mensurado: um melhoramento contínuo, depois um exaurimento do crescimento, enfim um declínio.

A psicologia coletiva, em parte coincidente com o que chamamos de cultura, "fica cansada". A vitalidade de seu conjunto decresce. Como ocorreu com o Império Romano ou mais recentemente com o Império Soviético. É verossímil, portanto, que a sociedade ocidental esteja extenuada em vários aspectos; esse desconforto fervilha profundamente em seu inconsciente coletivo; e que, sob certas perspectivas, isso pode até ser expresso em diagramas simples.

É uma observação possível também para algumas partes pouco discutidas da cultura, como a sexualidade. Também o eros nasce, cresce, vive e declina? Morre?

## A sexualidade cansada do Oriente

Tentamos até agora expressarmo-nos em uma linguagem humanística mais que numérica. Porém, é chegado o momento de lembrar algumas estatísticas.

Seria justo passar em revista o que acontece em cada continente. Não podemos fazer isso, seja porque é completamente fora das possibilidades deste livro, seja porque verdadeiras coletâneas de dados foram desenvolvidas só na Europa e na América do Norte, sobretudo na Grã-Bretanha e nos Estados Unidos. Pode-se, porém, imaginar que quanto mais a América Latina, a África e a Ásia copiarem o desenvolvimento do Ocidente, tanto mais poderão decalcar também seu problema, como já aconteceu para outros lados obscuros da modernização, a exemplo da difusão da toxicodependência.

No entanto, já está claro que os dois países mais desenvolvidos do Oriente sofrem com isso no grau máximo. Numerosos são os escritos sobre a renúncia à sexualidade nas novas gerações do Japão, que os japoneses mesmos chamam, com certo desprezo, "herbívoras". Organismos médicos oficiais executaram estudos que confirmam essa tendência[15]. Uma revisão americana (Julian, 2018, p. 7) resume a situação assim: já em 2005, um terço dos

15. Uma análise científica sobre o forte crescimento da abstinência sexual no Japão durante as últimas duas décadas pode ser encontrada em Ghaznavi, Sakamoto, Yoneoka, Nomura, Shibuya e Ueda (2019).

japoneses solteiros entre 18 e 35 anos era virgem. Em 2015, a cota subira para os 43%, enquanto continuava a crescer a porção de quem declarava não querer casar-se. Ademais, também entre os casados as práticas sexuais estavam pouco presentes: 47% declaravam não ter tido relações no último mês. Os meios de comunicação ocidentais retomaram essas informações com frequência e com um certo sensacionalismo[16], até que se percebeu a abstinência sexual ser ligada não só à cultura do Japão, mas em boa parte à mísera condição econômica de suas novas gerações marginalizadas (Ghaznavi, Sakamoto, Shibuya & Ueda, 2019).

Na China, por sua vez, o ministro da educação lançou um apelo para elevar a virilidade dos jovens masculinos. Considera-se que os garotos devem fazer mais exercícios físicos, pois teriam se tornado moles demais, além de custarem a assumir responsabilidades; mas também que isso se traduza em parcos desempenhos sexuais (Ghaznavi et al., 2019). No oficial "China Daily", diversos psicólogos criticaram essa mensagem, notando que uma inovação não pode se basear em velhos estereótipos de gênero (Wanli, 2021). Na realidade, na China existem diferentes posições sobre o tema. O único aspecto sobre o que se concorda continua a ser o fato de que os professores masculinos são demasiadamente poucos.

## O Ocidente

Como recordamos, as "três bíblias" da revolução sexual americana ofertaram uma classificação da sexualidade, mas limitada no tempo e no espaço. Não se apagou, porém, a aspiração para classificar o eros iniciada com aqueles três estudos. Com as décadas, foi coligida e encadeada em iniciativas públicas.

16. Cf. *No sex please, we're Japanese*, um documentário da BBC que faz parte da série "This world", que pesquisa as causas profundas por trás das taxas de natalidade historicamente baixas do Japão (vimeo.com/80542212).

Para nossos objetivos, as informações que elas fornecem são significativas, porque provêm de países que, em geral, no passar de alguns anos, são seguidos pelo resto do Ocidente.

## Grã-Bretanha

Na Grã-Bretanha (Inglaterra, Escócia e País de Gales), já foram realizadas três pesquisas Natsal (*National Survey of Sexual Attitudes and Lifestyles* – investigações nacionais sobre comportamentos e estilos de vida sexuais). Natsal-1 em 1990-1991, Natsal-2 em 1999-2001, Natsal-3 em 2010-2012. [Nota: A quarta pesquisa, Natsal-4, concluiu a coleta de dados em janeiro de 2024. Atualmente, no início de 2025, os dados estão sendo processados e analisados, com publicações dos resultados previstas para este ano.]

Nenhum país no mundo oferece informações tão vastas e coletâneas com profissionais como a Grã-Bretanha. Ela acaba por representar, mais que os próprios Estados Unidos, as tendências também privadas rumo a que se encaminha o mundo: tem mais de 60 milhões de habitantes, um dos padrões de vida não só mais elevados, mas também mais admirados, uma liderança cultural na Modernidade enquanto origem da Revolução Industrial e da língua veicular global. A Grã-Bretanha é também a nação onde, proporcionalmente à população, o número mais alto de jovens de outros países passou (ou desejou passar) períodos de estudo; ou experiências de trabalhos simples, mas com o objetivo de aprender a língua e os *costumes* britânicos. Visto que esses jovens estudantes ou trabalhadores provenientes do exterior se imergiram na cultura local mais do que teriam feito em outro lugar, é provável que os relacionamentos íntimos e também sexuais havidos no lugar tenham recebido certa relevância.

Tudo isso permite levantar a hipótese de que, desde os tempos dos Beatles, a Grã-Bretanha tenha exportado para a Europa e para a América não só a música jovem, a minissaia (antes, explícita sexualização da moda de massa), a Mini (Morris) e outros produtos transformados "ícones", mas também uma postura relaxada e tolerante para com a vida erótica (pelo menos, a juvenil). Um "produto" que os jovens da Europa meridional – mas também de boa parte dos Estados Unidos –, barrados por educações mais puritanas, importaram depois gradualmente nos respectivos países. Vale a pena recordar que o cinema de Ken Loach – tornado, por sua vez, um ícone do filme progressista exportado para o mundo – afirmou-se ao mostrar sobre as telas não só as classes sociais removidas como antiestéticas, mas a hipocrisia sexual, os conflitos entre as gerações sobre a permissividade, as interrupções de gravidez enfrentadas por moças despreparadas, os sofrimentos da iniciação erótica encontrados em um país já relativamente "libertado" e próspero.

## *Natsal: National Survey of Sexual Attitudes and Lifestyles*

Consideramos agora um estudo comparado dos primeiros três Natsal, publicado no *The Lancet* (Mercer et al., 2013)[17], provavelmente a revista médica de maior prestígio no mundo. Em seu *Mission Statement*, a publicação declara querer melhorar a saúde, mas também fazer avançar o progresso humano (*applying scientific knowledge to improve health and advance human progress*). As três pesquisas sobre a sexualidade britânica são baseadas em grandes amostras de entrevistas: quase 19 mil no Natsal-1, mais de 15 mil para o Natsal-3. Compreensivelmente, uma concentração particular de dados foi reservada aos mais jovens.

17. O artigo é assinado por numerosos autores do University College London, da London School of Hygiene & Tropical Medicine, Departamento de Pesquisa e Política de Serviços de Saúde e Departamento de Pesquisa em Saúde Social e Ambiental, e do NatCen Social Research de Londres.

Natsal-1 incluía um vasto grupo de sujeitos nascidos nos anos de 1930; no Natsal-3, outro, de nascidos nos anos de 1990. Portanto, o *Resumo* recorda que a pesquisa seguiu 60 anos de vida sexual britânica e afirma que essa "mudou substancialmente". A maior parte das perguntas dirigidas e a metodologia usada, porém, restaram inalteradas. Dessa forma, nos Natsal podem ser verificadas, como em nenhum outro estudo no mundo, as mudanças de vida sexual de uma grande nação.

Tarefa dos Natsal é obviamente fornecer informações científicas neutras, dado que as intervenções públicas no âmbito sexual provocam facilmente reações emocionais com consequências políticas. E, no entanto, já dos números emergidos – e das muito poucas generalizações expressas pelo time de compiladores – temos indicadores não só de uma mudança, mas também de uma inversão, tanto no crescimento quanto na liberalização da sexualidade que havia acompanhado a segunda metade dos anos de 1900. Os dados sucessivos que examinaremos, provenientes sobretudo dos EUA, apesar de não sistemáticos nem completos, confirmam, por sua vez, a tendência britânica de um decaimento das práticas sexuais.

Primeiramente, notamos que, não obstante a evolução dos costumes, 97,3% das mulheres se declaram heterossexual, enquanto só 1% diz ser homossexual e 1,4% bissexual. Entre os homens, percentuais quase iguais: 97,1% heterossexuais, 1,5% homossexuais, 1% bissexuais. Essas esmagadoras maiorias, em um país não puritano e em um questionário com garantias férreas de anonimato, não podem ser (ao menos conscientemente) influenciadas por conformismos ou necessidades de parecer "como se deve". O percentual de homossexuais é, sem dúvida, muito baixo.

A Grã-Bretanha está hoje (no passado fora bem diferente) entre os estados mais tolerantes seja em respeito à homossexualidade como prática, seja à representação que ela recebe nas mídias. Com frequência, conservadores ou populistas pedem que, nos meios de comunicação, sejam limitados os conteúdos sexuais e, em particular, homossexuais, pois temem que eles favoreçam nos mais jovens um "efeito emulativo", por conseguinte façam com que cresçam as formas de sexualidade não tradicional. O fato de que mais de 97% da população se considere heterossexual na segunda década do século XXI, isto é, duas gerações depois da revolução sexual, dá a pensar que se trate de preocupações exageradas.

Também separando a população por décadas de idade, vemos que, no sexo masculino, a homossexualidade entre os mais jovens não tem uma incidência percentual maior, então não está em crescimento. Só no feminino da classe de idade inferior (dos 16 aos 24 anos) nota-se um certo aumento: não da homossexualidade, mas da bissexualidade. Esta, mesmo assim, resta limitada (2,5%) e corresponde a um fenômeno comum aos países ocidentais (até mesmo na província italiana, intrinsecamente bem mais tradicionalista no campo sexual). Faz parte das novas questões femininas. Seriam necessárias séries temporais mais longas e estudos especializados, mas podemos começar a enquadrar o caso como segue.

Ausentes os temidos crescimentos incontroláveis das "minorias sexuais" na sociedade britânica, os dados concernem, antes de tudo, àquela plebiscitária maioria que se declara heterossexual conforme a tradição.

Entre Natsal-1 e Natsal-2, a frequência das atividades sexuais e a sua tipologia haviam crescido. Para expressarmo-nos com as categorias históricas usadas no início, poderíamos genericamente dizer que a revolução sexual, em seu ápice nos anos de 1970, foi prolongada em direção às últimas décadas dos anos de 1900. Contudo, com o Natsal-3, que inclui os nascidos nos últimos anos do século, a relação sexual (em sentido global: veremos agora como) entre uma mulher e um homem se reduziu *significativamente*. Para requerer aos entrevistados um empenho de memória realista e evitar reconstruções fantasiosas, a atividade sexual é medida sobre o que os sujeitos recordam das últimas quatro semanas.

Pois então: do Natsal-2 ao Natsal-3, a frequência mediana da relação heterossexual (em geral) nas últimas quatro semanas diminui de quatro a três vezes, seja para os homens, seja para as mulheres. Um decaimento gigantesco daquela que, de longe, é a sexualidade mais praticada, bem como aquela que garantiu a reprodução da espécie. Projetando essa tendência para baixo no futuro, poderíamos imaginar que também a fecundidade esteja em vias de desaparecimento. Todavia, essa continua uma consideração abstrata, que nada ajuda nos debates sobre baixa natalidade frequentes em muitos países. Os Natsal informam-nos sobre muitas práticas sexuais, mas não sobre contracepção nas relações ditas tradicionais, que permite – ou impede – sua transformação em gravidez.

A respeito de contracepção, pode-se notar que, dentro do dado geral sobre a intimidade heterossexual, seja para os homens, seja para as mulheres, diminuíram as relações vaginais e outras formas de contato sexual não especificadas, enquanto continuam estáveis as relações orais, e muito intenso foi o aumento percentual das relações anais. A prática, de longe, preponderante continua, mesmo assim, a heterossexual vaginal: é sua forte diminuição a abaixar a média geral das atividades heterossexuais.

Passando à atividade homossexual, notamos que aumentou pouco entre as pessoas do gênero masculino desde Natsal-1 a Natsal-2, enquanto caiu, sempre não em grande monta, passando ao 3. Entre as mulheres, a tendência é muito diferente e parece justificar a hipótese descrita há pouco: um claro aumento, com o Natsal-3 (então destacado já em 2012) das experiências homossexuais femininas em geral, que se torna até mesmo uma duplicação entre as que tiveram uma verdadeira e própria parceira.

Se depois das variações encontradas nas atividades passamos às mudanças das opiniões britânicas em matéria sexual, temos confirmação de algo que já podíamos esperar. A aceitação geral da homossexualidade continuou a crescer: isso é constatado seja na comparação da variação de respostas do Natsal-1 ao Natsal-2, e em seguida ao Natsal-3, seja, no interno deste último, no cotejo das faixas etárias. Mais a idade desce, mais a aceitação sobe.

Antes de passar a outros países, tentemos resumir o pouco de considerações psicológicas que o estudo comparado de *The Lancet* permite.

A sexualidade britânica mudou, mas as inovações surpreendentes não são muitas. No conjunto, a condição feminina continua lentamente a desenvolver-se em direção a uma maior independência do homem. Isso se traduz também em uma menor quantidade de mulheres que vivem em casais heterossexuais. Essa escolha está entre os principais fatores que abaixam a quantidade das atividades sexuais gerais. Uma das mudanças claras reside, dentro da população feminina, em uma maior propensão à homossexualidade: que no conjunto continua, porém, muito minoritária. Não compensa então o decréscimo de sexualidade geral; nem a impressão de que, no século XXI, não sejam as censuras da sociedade ou as punições da lei, mas a sexualidade em si, com as escolhas que comporta, a gerar ansiedade.

Exatamente porque hoje pode estender-se a 360 graus, a vida sexual obriga continuamente a escolher. E ser obrigado a realizar escolhas está entre as atividades mais exaustivas para a mente humana. Nada de surpreendente, no fundo, se também essa "nova bissexualidade feminina" tem frequentemente um aspecto paradoxal de defesa contra a ansiedade e de afastamento do gênero masculino. Os psicanalistas constatam tudo isso também em seu trabalho privado. Mas cada um desses profissionais pode basear-se só em um número de pacientes reduzido (no máximo, algumas dezenas) que então estatisticamente não é significativo e dificilmente contribui para os estudos nacionais. Todavia, o psicanalista, diferentemente dos grandes censos institucionais, é, com frequência, o único que conhece as motivações profundas dessas dinâmicas. Frequentemente, a "nova bissexualidade feminina" aparece-lhe mais como uma reação, ou uma postura secundária, que uma exigência homo ou bissexual primária das mulheres.

Em teoria, estamos examinando uma cultura amplamente suscetível à "revolução sexual". Na prática, suspeitamos desde o início que não só, como ocorre às revoluções, sua carga de liberação se perdeu no caminho, mas também que o diagrama rumando ao céu nos anos de 1960 e 1970 tenha tocado um teto, para depois começar uma descida. Naturalmente, isso diz respeito à muito evidente "maioria heterossexual". Enquanto estão ainda em fase de ascensão as "minorias": antes de tudo, a homossexualidade, que para libertar-se teve que empregar décadas a mais.

O cidadão médio britânico do Natsal-3, secular e "liberado", não oferece, porém, a nossos olhos só uma diminuição das atividades sexuais tradicionais, mas também outras informações contrarrevolucionárias. Entre os homens calculados no seu conjunto (não só entre os adolescentes, como se esperaria), a masturbação é a atividade sexual que, embora pouca, prevalece também sobre o coito tradicional. No entanto, sendo as subcategorias agregadas ou divididas, permanece sempre mais do que o dobro das mulheres.

A convicção de que o matrimônio comporte exclusividade (isto é, completa fidelidade no comportamento sexual) cresce ao diminuir a idade, para chegar ao máximo (entre os homens, dois terços dos entrevistados) na faixa dos 16 aos 24 anos. Quanto mais se é jovem, mais se acredita na monogamia. Trata-se de uma inversão de tendência que talvez não esperaríamos em um país tão secular e no século XXI. Também nas mulheres essa expectativa cresce, passando às faixas etárias mais jovens, e chega a quase três quartos das participantes. Em outras palavras: diferentemente das gerações precedentes, e em contraste com a difusão da ideia de "poliamor" entre os valores daquelas novas, reafirma-se de maneira evidente a exclusividade da relação. Podemos imaginar que, à raiz disso, esteja um fato simples: não obstante tudo, o poliamor suscita ainda alguma curiosidade; a fidelidade do casal, não. Por conseguinte, fala-se daquele e não desta, criando a falsa impressão de que tenha desaparecido.

Não obstante permaneça praticado por uma minoria, deixa, enfim, interrogações o muito intenso aumento do sexo anal (que cresceu duas vezes e meia em 20 anos, isto é, do Natsal-1 ao Natsal-3), com muita probabilidade ligado à contemporânea e exponencial difusão da pornografia *online* (cf. Zimbardo & Coulombe, 2015, p. 31 e cap. 6)[18]. Cada pessoa e cada relação sexual têm a sua própria individualidade. Tentou-se, porém, formular uma pergunta. O que, com efeito, faz com que hoje o maior aumento do comportamento sexual diga respeito às relações mais frequentemente associadas à submissão ou às relações sadomasoquistas? Se em uma relação homossexual masculina se podem trocar os papéis, aqui o dado concerne à população total, então a grande maioria de casais heterossexuais, e é lido como uma sujeição da mulher para com o homem. Enquanto cada indivíduo é único, os comportamentos coligidos pelo Natsal concernem a um país inteiro. Seu conjunto é, portanto, a soma de quanto têm em comum as infinitas diferenciações individuais: representa um forte, muito evidente índice daquilo que chamamos nosso inconsciente coletivo ou nossa cultura. Usamos o pronome possessivo "nosso" porque pensamos que represente tendências comuns não só aos britânicos, mas, pelo menos, ao Ocidente.

18. Com base em estudos americanos, europeus, britânicos e australianos, Zimbardo observa como as relações sexuais tendem a imitar cada vez mais a pornografia, enquanto originalmente acontecia o oposto. Abordaremos mais adiante as consequências.

Enfim, ainda uma interrogação que essas pesquisas nos entregam. *The Lancet* sublinha como, em respeito ao número de questionários enviados, o percentual de resposta ao Natsal-3 é bem inferior (57,7%) àquele, já decrescente, que se obtivera na passagem do Natsal-1 (66,8%) ao Natsal-2 (65,4%). Em geral, a dificuldade de obter respostas em investigações como essa depende de uma vergonha ligada à sexualidade, e do desejo de não a revelar a desconhecidos, seja qual for a garantia de anonimato que a pesquisa ofereça.

Por que essa relutância cresce, enquanto o passar do tempo deveria mostrar que a atualização dos costumes que incorporam a revolução sexual é cada vez mais adquirida? É possível que a "abertura" tenha avançado demais e do inconsciente coletivo desponte uma obscura necessidade de retorno ao pudor abolido? Voltaremos também a essa questão no final.

## Alemanha

Infelizmente, só em 2020 foi desenvolvido entre os alemães um censo sobre a atividade sexual alargado como os Natsal, aos quais faz explicitamente referência (Dekker et al., 2020, p. 645-652; cf. p. 1, 2, 17). Faltando precedentes, não fornece sozinho dados suficientes para observar variações nos hábitos sexuais. Em 2018, foi, porém, publicada a comparação entre duas pesquisas nacionais alemãs, de 2005 e 2016, citada com frequência em estudos britânicos e americanos (Beutel et al., 2018, p. 750-756). Diz respeito à sexualidade masculina em amostras de aproximadamente mil homens com idades entre 18 e 93 anos, escolhidos com critérios que concernem aos padrões de representatividade.

Os resultados não só constituem uma confirmação evidente dos decréscimos da sexualidade majoritária (isto é, heterossexual) já observados na Grã-Bretanha, mas evidenciam que essa diminuição ocorreu em só 11 anos (os anos passados entre o primeiro e o terceiro Natsal tinham sido de 22, o dobro, portanto). Além disso, assim como nas pesquisas britânicas, está relacionada com um forte aumento dos sujeitos que vivem sozinhos. Nesse embora breve período, o estudo reporta um decréscimo de sexualidade de 9%. Mais especificamente, o percentual dos indivíduos sexualmente ativos desceu de 81% para 73%, enquanto a ausência de desejo sexual passou de 8% para 13%. A diminuição torna-se ainda mais impressionante quando se olha para os jovens, isto é, aqueles que serão os adultos médios em um futuro bem próximo. Na faixa etária entre 18 e 30 anos, a posição daqueles sexualmente inativos passou de 7,5% para 20,3%: um percentual quase triplicado em só 11 anos.

Estendendo suas conclusões, o estudo afirma que "a atividade e o desejo sexual diminuíram, *de maneira particular para os grupos de idade jovem e de meia-idade*" (itálico meu). Ademais, "os resultados revelam mudanças na atividade e no desejo sexual ocorridos em pouco tempo".

Como para a Grã-Bretanha – e para os Estados Unidos, que veremos daqui a pouco –, comparando no tempo os dados da Alemanha não notamos só um decréscimo total. Vemos também que a diminuição de atividade sexual é tanto mais clara quanto mais se desce a idade. Podemos presumir que as crianças de hoje o seguirão quando amanhã se tornarem adolescentes, e que os jovens de hoje com 20 anos serão mais passivos sexualmente do que os de 30 ou 40 anos de hoje quando atingirem essa idade.

Na história humana, sempre foi levantada a hipótese de que o desejo sexual dos homens de 20 anos fosse maior em comparação àquele de quem tinha o dobro da idade. Se a atual tendência continuasse, o século XXI poderia inverter essa suposta "lei natural", apresentando-nos uma outra surpresa sem precedentes na involução da sexualidade.

### Estados Unidos: *Jama*

Em 2020, *Jama* (*Journal of the American Medical Association*) publicou um estudo sobre as mudanças de atividade sexual entre os anos de 2000-2002 e 2016-2018 nos Estados Unidos (Ueda et al., 2020). Foram utilizadas entrevistas da General Social Survey envolvendo 4.291 homens e 5.213 mulheres com idades entre 18 e 44 anos. Entre os homens de 18-24 anos, a ausência de atividade sexual passou de 18,9% para 30,9%, isto é, cresceu mais de 50%. Naqueles entre 25 e 34 anos, a inatividade sexual até mesmo dobrou, saltando de 7% para 14,1% (cf. Ueda et al., 2020, p. 1 e p. 4, tabelas A, B, C, D).

A essa muito intensa diminuição do percentual de quem tem uma atividade sexual se adiciona depois, também entre quem ficou ativo, uma significativa diminuição na frequência da própria atividade.

Entre as mulheres, não foi registrada uma diferença significativa na faixa etária mais jovem. Aquela dos 25 aos 34 anos, por sua vez, viu um aumento intenso da população feminina sexualmente *inativa*: de 7% a 12,6% (cf. Ueda et al., 2020, figuras 2, 3, 4).

No total, nos Estados Unidos como na Europa, prevalece uma tendência de diminuição das práticas sexuais. Também aqui, dentro do evidente decréscimo daqueles masculinos, estão em exceção os gays e bissexuais. Particularidade dessa investigação está, porém, na falta de uma diminuição significativa entre as mulheres mais jovens. Estamos em um terreno delicado do qual é arriscado sacar generalizações. Todavia, como levantamos racionalmente a hipótese de que, na terceira década do século XXI, não se está diante (ou: não se está diante ainda) de um decréscimo de atividade entre as "minorias sexuais" porque, para elas, a "libertação" teve lugar só mais tarde e parcialmente, assim não é, de fato, infundado conceber – também no Ocidente e na América – as mulheres como "minoria", sempre relativamente desvantajosa: indicações contraditórias – algumas de um decréscimo da sexualidade, outras não – poderiam derivar, também aqui, da recuperação feminina de "atrasos" na libertação, que por si só não são suficientes para anular a tendência negativa subjacente.

## CDC[19]

O trabalho do CDC, *Youth Risk Behavior Survey. Data Summary & Trends Report 2007-2017*[20], é subdividido em cinco capítulos, dos quais exatamente o primeiro diz respeito ao comportamento sexual. Com a garantia da oficialidade, da experiência da vastidão de meios usados, fornece-nos a mais abrangente entre as revisões disponíveis sobre as mudanças ocorridas durante aquela década nos Estados Unidos. Bem diferente das publicações científicas que temos considerado até agora, o CDC expõe suas conclusões com pragmatismo e clareza totais. Assim as podem entender os jovens de todos os níveis de instrução e idade, capazes de se conectar à internet e desejosos de informar-se sobre seus problemas mais delicados.

A investigação utilizou amostras estatisticamente representativas de *todas as escolas superiores dos Estados Unidos, públicas e privadas*. Então, diferentemente dos estudos científicos vistos há pouco, ocupa-se da adolescência. Seus resultados têm assim um duplo valor preditivo. Antes de tudo, pertencem

19. O acrônimo CDC significa Centers for Disease Control and Prevention [Centros de Controle e Prevenção de Doenças]. Essa grande instituição de saúde pública foi criada nos Estados Unidos logo após a Segunda Guerra Mundial. Suas funções continuaram a se expandir, como, por exemplo, com a chegada da aids. Envolvendo-se na prevenção, ela se dirige aos jovens, informando-os sobre os riscos relacionados a doenças, mas também à violência, ao abuso de substâncias e aos distúrbios mentais. Como outros organismos semelhantes, recebeu um impulso com o advento da internet. Devido à sua função permanente por mais de três quartos de século, é uma fonte extremamente útil de informações sobre as mudanças nos comportamentos sexuais das novas gerações americanas. Atualmente, o CDC publica um relatório a cada dois anos.

20. https://www.cdc.gov/healthyyouth/data/yrbs/pdf/trendsreport.pdf.

à faixa etária mais baixa até agora examinada, então terão mais tempo para influenciar a sociedade como um todo. Em segundo lugar, representam os Estados Unidos, dos quais provêm muitas tendências culturais em seguida adotadas pelo resto do Ocidente e depois do globo.

Tendo o objetivo de informar com a máxima simplicidade, o CDC sintetiza todas as variações da década não só em cifras e diagramas, mas também com um carimbo: verde, se a mudança vai na direção "certa" (sempre segundo o CDC), amarelo se não houve mudança, vermelho se procede na direção que se considera "errada" (CDC, n.d.-b, p. 5). Aqui estão as principais mudanças que afetaram a sexualidade na década de que trata o *Report*.

O percentual dos estudantes que tiveram relações sexuais gradualmente desceu de 47,4% a 38,4%: um decréscimo de 19% em comparação à quota precedente. Aquela de quem é mais promíscuo sexualmente (na classificação: que teve quatro ou mais parceiros) passou de 15,3% a 8,6%, com uma redução de cerca de 44%. O percentual de quem, no momento da investigação, estava sexualmente ativo desceu de 33,7% a 27,4%, cerca 18% a menos. Trata-se de mudanças muito significativas, e, ademais, ocorreram em apenas uma década. Tudo isso reforça a percepção de um decréscimo global.

É, porém, de nosso interesse também o fato de que o CDC atribui a todos os três o carimbo verde: são consideradas mudanças positivas. Inclusive, dada sua enorme autoridade no país, que para uma boa parte do mundo é modelo de democracia, seria importante saber mais sobre como a cor dos carimbos é aplicada.

No século XXI, um típico debate sobre as orientações sexuais concerne ao fato de que a tradição tenha enjaulado a identidade de gênero[21] de maneiras pré-constituídas: a masculina e a

21. As definições de gênero mais usadas conduzem ao texto de Butler (2017).

feminina, que com a falta de nuances deles trazem dificuldades para quem não corresponde completamente a essas categorias. No ser humano, diz-nos a antropologia mas também a biologia, há sempre algo de mais complexo – aliás, de andrógino – que os modelos sociais e linguísticos eliminam em favor das duas definições-padrão.

Um ponto central das controvérsias sobre a identidade de gênero reside no caráter antinatural da adaptação a um esquema que prevê só duas possibilidades (opção binária rígida), enquanto, na realidade, cada um de nós vive seu ser mulher, homem ou qualquer outro com infinitos tons[22]. De maneira semelhante (tanto mais que se trata de avaliações da sexualidade que tentam compreender suas necessidades) soa também a opção oferecida pelo CDC, embora seja não binária, mas "trinária". Ela acaba por ser pré-constituída em um modelo igualmente rígido.

## Autoridade pública e comportamentos privados

Um ente como o CDC tem inevitavelmente uma grande influência. É correto que os escolares americanos vejam julgado como positivo o fato de que a atividade sexual deles decresça a uma velocidade jamais registrada antes? Tudo expresso com avaliação simplista por uma tabela trinária? O CDC julga positivamente esse decréscimo porque, entre outras coisas, a falta de atividade sexual reduz dois grandes riscos, o da gravidez indesejada entre as adolescentes e o de doenças como a aids. Como nos lembram inúmeras piadas do ensino médio, a castração também os reduziria: no entanto, isso que se perde poderia superar o que se ganha. Na essência, a inteira atividade de avaliação desse

22. Para corrigir essa estrutura, em inglês, se espalharam pronomes pessoais não binários, como os pronomes neutros de gênero "*ze/hir/hirs*", em vez de "*they/them/their*". Em muitos casos, eles foram adotados não apenas no uso, mas também pelos dicionários (cf., p.ex., Chak, 2015).

imenso – e de per si merecedor – ente baseou-se na rejeição da complexidade e confiou só em parâmetros externos: ou seja, é antipsicológica. A psiquê abre-se para alternativas que não são só binárias ou trinárias, mas potencialmente infinitas.

A diminuição da atividade sexual entre os adolescentes pode ser vista por tantas perspectivas. Não é necessário ser moralistas reacionários para avaliar que, em todo o Ocidente, a liberdade sexual foi longe demais. Como apontou Bauman no início deste século, a sexualidade tornou-se um objeto de consumo em si e fim em si mesmo, perdendo sua antiga característica de comunicação não verbal entre duas pessoas, íntima, potencialmente profunda e tenra: veremos mais à frente como se exprimia em propósito o esquema científico de Freud.

É, porém, mais fácil aceitar a generalização do CDC quando considera positivo o decréscimo no percentual de adolescentes que tiveram quatro ou mais parceiros sexuais: orientação que, poder-se-ia dizer, vai mais na direção de uma promiscuidade que de uma liberdade erótica.

O decréscimo da sexualidade que esses índices frisam é semelhante ao europeu, e poderia, em teoria, corresponder a um retorno em direção a valores mais tradicionais. Não deve ser excluído que esse percurso, se livremente escolhido, derive, por sua vez, de uma maturidade alcançada: uma consolidação do caráter ligada à passagem da adolescência à idade adulta, que é delicada em cada época, mas em particular hoje, porque muitos a adiam por 20 a 30 anos.

De concreto, porém, com a simplificação do "carimbo verde", o CDC não levou em consideração como as pesquisas sociológicas, clínicas, psicanalíticas destacam com preocupação que, ao regresso da sexualidade, não acompanha uma consciente *maturidade em direção a valores construtivos*. Tal poderia ser a abstinência, ou em termos psicanalíticos a sublimação, quando favorece a concentração em tarefas ou estudos complexos, necessários para chegar a profissões de alto nível. Infelizmente, na práxis, essa passagem é, com frequência, combinada com seu contrário: uma *fuga de responsabilidades primárias*, como a que todos os indivíduos têm para com o próprio corpo.

## Possível papel do *bullying* nas oscilações de gênero

Entre os adolescentes, nas últimas décadas, cresceu o *bullying*. O que ocorre pessoalmente, nas escolas, aumentou, mas não exageradamente[23], salvo para com os jovens LGBT, 70,1%[24] dos quais nos Estados Unidos agora sofrem com isso. Com a difusão do *smartphone* foram multiplicados vertiginosamente os dados relativos ao *bullying* digital[25]. Não ocorrendo na escola, mas nos meandros da rede, isso é mais difícil de identificar e punir. Se são discerníveis dois tipos, de acordo com o gênero da vítima, se masculino ou feminino: os rapazes recebem ameaças físicas, as garotas, insinuações e frases maliciosas. Trata-se, pois, de dois perigos, um corpóreo, outro psicológico. O primeiro é mais imediato, o segundo pode dispersar por mais tempo seus venenos na mente.

A agressão é, portanto, diferente para cada gênero. A que é endereçada aos homens coloca em dúvida a capacidade deles de reagir e pode levá-los à busca de ficarem mais fortes com exercícios físicos, ou então a optar pelo isolamento social. O ataque contra as moças é dirigido a seu modo de ser femininas, e facilmente é insinuado que se comportam como prostitutas. Pensou-se que essas agressões empurrem para uma certa direção

---

23. Os países da OCDE registram um aumento progressivo, mas moderado, de 2015 a 2018 (https://www.oecd-ilibrary.org/sites/cd52fb72-en/index.html?itemId=/content/component/cd52fb72-en).

24. https://www.pacer.org/bullying/info/stats.asp.

25. Nos Estados Unidos, o número mais do que dobrou no período de 2007 a 2019 (https://www.oecdilibrary.org/sites/cd52fb72-en/index.html?itemId=/content/component/cd52fb72-en).

a mente dessas estudantes: uma leitura que explicaria por que as mulheres parecem hoje colocar em dúvida as próprias características de gênero, declarando-se homossexuais, mas, sobretudo, bissexuais ou transexuais em maior medida que os homens coetâneos a elas. Inconscientemente, elas manteriam assim aberta uma saída de segurança: reservando-se a escolha só com o tempo e com a experiência se "preferem" a homossexualidade, a heterossexualidade, a bissexualidade, a transexualidade.

Dada a constante referência às múltiplas imagens de modelos, atrizes e sobretudo *influencers*, ser feminina da maneira "correta" depois se tornou muito difícil. Obviamente, também o é para os homens: mas se eles têm outros dotes, a aparência física – por exemplo, um pouco de sobrepeso – não faz ruir a autoestima tanto quanto ocorre entre as garotas.

Como notamos há pouco ao comentar os dados britânicos, é possível que também para essas oscilações de gênero se deva falar de "orientações sexuais secundárias", portanto de um costume que pode continuar a mudar com rapidez.

## *Deliberately*: um arquétipo do heroísmo americano

O isolamento patológico dos indivíduos, que se afirma nas jovens gerações dos Estados Unidos, pode ser contraposto ao protótipo do individualismo construtivo americano, resumido em um dos textos românticos mais famosos do mundo, *Walden* de Thoreau: "*I went to the woods because I wished to live deliberately, to front only the essential facts of life*..."[26]. Aquele "*deliberately*" é exatamente o contrário da postura com a qual muitos jovens do século se retiram nos "bosques" únicos que lhes parece ter à disposição, os muros da casa dos pais.

26. "Fui para os bosques porque desejava viver de forma autêntica, para enfrentar apenas os problemas essenciais da vida" (Thoreau, 1854, p. 86; cf. tb. Turkle, 2019, cap. 14).

Primeiramente, portanto, a renúncia ao sexo e o isolamento individual parecem corresponder pouco a escolhas conscientes, e assim a um crescimento em direção a uma condição mais adulta. Representam, por sua vez, um distanciamento daquelas formas de sexualidade que comportam relação: os dados mostram, com efeito, como são frequentemente acompanhadas por um aumento da masturbação, seja masculina, seja feminina. Essa *fuga da intimidade dos corpos* é uma entre tantas manifestações de um profundo mal-estar existencial e de um ódio por si mesmo a começar das próprias formas físicas[27].

Em vez do contato corpóreo recíproco, que oferece ocasiões de relação aprofundada e de ternura, a tecnologia criou novos hábitos. Por exemplo, nós enviamos uns para os outros fotos com as partes íntimas expostas de maneira provocativa.

Infelizmente, a rescisão do corpo das relações tradicionais é acompanhada por um aumento na ingestão de substâncias, de cortes ou queimaduras voluntárias em braços e pernas, ou até mesmo no rosto: não acidentalmente, mas porque a pessoa que age se convence de odiar a própria corporeidade e, por consequência, quer modificar também a aparência em sentido odioso.

Não é uma corrida que se avizinha de um novo estágio: dirige-se rumo a uma aniquilação mental e geralmente até mesmo física. O mesmo CDC aponta como na década considerada os pensamentos de suicídio, as ideações suicidas, as tentativas de suicídio, as autolesões nessas tentativas, tenham aumentado seja para as mulheres, seja para os homens, tanto entre os brancos quanto entre os afro-americanos ou hispânicos (CDC, n.d.-b, p. 57-69).

---

27. Análogas às avaliações americanas são as do principal centro italiano para o estudo do sofrimento juvenil, o Instituto Minotauro. Cf. a publicação do diretor Matteo Lancini (2021, cap. 2); além disso, Lancini, Cirillo, Scodeggio e Zanella (2020, cap. 4).

### *Sex Recession*

Em 2018, *The Atlantic*, generalista mensal, mas voltado para um público culto, colocou em foco o problema que estamos discutindo, chamando-o de *The Sex Recession*, a "recessão sexual": uma expressão não ainda contida na *Encyclopaedia Britannica*, mas, a partir de então, amplamente difundida em inglês.

Estando a economia no centro do discurso público (e de uma suposta qualidade da vida), esse termo chama a atenção do cidadão, que o associa à *Great Recession*, definição americana e depois europeia do travamento global que atingiu a economia em 2008. Mas a *Great Recession* é destinada a ser "só" um dos tantos choques econômicos do século XXI: poucos anos depois, já se encontrava em uma segunda grande recessão, causada pela covid. A recessão sexual, por sua vez, não tem precedentes: não só no século, mas talvez na história. Poderia conter uma renúncia à vontade de viver e aos gozos da vida.

*The Atlantic* de dezembro de 2018 contém o artigo "*Why are young people having so little sex?*" (Julian, 2018). A isso e a outros alarmes, devemos uma maior consciência da imensa fragilidade e do imenso mistério que afligem a vida erótica: embora, não nos cansaremos de repetir jamais, sua constatação reste pouco conhecida, até mesmo para os psicoterapeutas. Por seu tamanho – 47 páginas na versão *online* –, o trabalho de Julian constituía quase um livro. Não obstante o nicho de divulgação e a escassez de reflexão cultural, focaremos diversas análises suas. Continua, de fato, entre as poucas, importantes propostas de debate que afrontam a queda da sexualidade de maneira não só técnica ou voyeurista.

Sem declarar, provavelmente sem sequer estar consciente, enquadrando o problema dentro da sociedade estadunidense, a autora coloca em evidência uma extraordinária mudança demográfica. Assim como na última geração, a classe média americana descobriu a dieta mediterrânea – talvez por nostalgias e motivos mais complexos do que aqueles só gastrointestinais –, ela mudou também nas modalidades habitacionais, acabando por assemelhar nessas à Itália, à Grécia, à Espanha, bem mais radicalmente que na alimentação. Alterando uma tradição que tinha atravessado o século XX, 60% dos americanos abaixo dos 35 anos não convivem com um parceiro, enquanto um terço da população total – e então a maioria desses solteira – mora ainda com os pais.

Na Itália, circula um lugar-comum: os homens na faixa dos 30 dos anos de 2000 vivem com a mamãe não só porque os aluguéis são caros, mas também porque só ela faz o macarrão caseiro, enquanto uma companheira de mesma idade colocaria no micro-ondas um prato congelado. Mas também nos Estados Unidos, onde o micro-ondas se usa de qualquer forma, o "modelo mediterrâneo" toma o passo. A gastronomia não é necessária.

Uma importante contribuição fornecida pelo escrito de Julian e pela "geracionóloga" Turkle (2016, p. 212-244; Julian, 2018, p. 21-30) reside no discutir o quanto mudou o modo de encontrar-se um parceiro.

A maior novidade tecnológica é dada pelos *sites* de encontro, cujo uso subentende a aceitação que a busca possa ter finalidades sexuais. De saída, isso representa uma simplificação radical do cortejo. Ao mesmo tempo, é quase uma apólice de seguro contra a possível acusação de *harassment* (assédios sexuais). Segundo uma sondagem ("Over-friendly, or sexual harassment?", 2017), 17% dos homens americanos da faixa etária mais jovem (18-29) consideram que convidar uma mulher "para beber alguma coisa" seja já classificável como assédio sexual.

Devastadoras são as informações sobre o quanto a tentativa de simplificar a sexualidade usando *sites* de encontro possa se transformar em uma complicação. Tinder, o aplicativo mais popular, já em 2014, tirava uma hora e meia todos os dias dos americanos que o usavam. Indagando-nos por que se aceita uma tamanha perda: poucos trocariam seu local de trabalho por outro que exija uma hora e meia extra de deslocamento. Talvez seja o preço a pagar por aventuras eróticas inesgotáveis? Absolutamente, não. Os dados oficiais apontam que, em média, a cada cem *swipes* ("arrastar" ou, por outro anglicismo, "escrolar") se chega a apenas 1,63 *matches*: e o *match* não consiste em uma noite de paixão, mas só na troca de um *like*.

O assustador investimento de tempo, energias e ansiedade[28] que os usuários extraem do encontrar-se diante de uma "escolha infinita" (Turkle, 2016, p. 217) e sempre aberta corresponde a um nadar sem vislumbrar um horizonte onde aportar. Os casos em que o "investimento" rende e, até mesmo, se formam casais continuam a ser uma minoria. A busca representa mais uma compulsão, em que muitos usuários permanecem aprisionados, como o *workaholic* no ritmo acelerado de um trabalho de que não reconhece mais o sentido nem conta o ganho; ou o animal habituado à gaiola, que não se arrisca a sair de lá mesmo quando a porta lhe está aberta.

O fato de que aplicativos similares tomam sempre mais tempo do dia pós-moderno, cujos horários de trabalho se expandem pela intervenção de novas tecnologias que deveriam aliviá-los, alimenta um círculo vicioso que gira em sentido oposto à liberação desejada.

No cotidiano cada vez mais estreito, torna-se impensável criar um espaço disponível para encontros tradicionais e, dentro desses, para uma aproximação. O que não somente não é mais factível no horário diurno, mas se torna estranho às convenções: como vimos, os graduais cortejos podem confinar com os assédios.

Em teoria, com Tinder ou plataformas similares, as coisas estão claras. Cada um sabe o que se espera: mesmo que aquela "coisa" há algum tempo não se trata mais da relação, mas, como diria o filósofo e psicanalista Galimberti, apenas da hidráulica de uma relação. Ao aumentar a pressa e a ansiedade, que são

28. Cf. na íntegra o capítulo citado de Turkle (2016).

condições antieróticas para a psiquê, o uso de eletrônicos faz com que a "qualidade" da relação sexual diminua: segundo Julian (2018, p. 35), apenas 31% dos homens e 11% das mulheres atingem o orgasmo com um novo parceiro conhecido via aplicativo. Se, no entanto, o encontro sexual ocorrer dentro de uma relação já existente, as percentagens sobem para 84 para os homens e 67 para as mulheres. A técnica, portanto, permitiu um salto enorme, mas não em direção a uma sexualidade mais satisfatória. Delegar a um aplicativo o processo gradual de aproximação e conhecimento mútuo elimina as declinações infinitas e não programáveis do eros. Tende a reduzi-lo à mecânica do corpo, para a qual a experiência se torna significativamente menos agradável.

Também aqui se afirma o estreitamento mais temido nos atuais debates sobre a liberdade sexual: o encerramento numa *gaiola binária* preestabelecida. Ou vocês se encontram e estão disponíveis para sexo, ou não. É mais uma simplificação da qual percebemos um custo antierótico.

## A inversão do eros: como consequência marginal, a pornografia se torna origem das fantasias sobre o sexo

Com o advento da rede, o conhecimento da sexualidade não se desenvolve mais, gradualmente, por meio dos contatos com um outro corpo sexuado, mas desde a infância no imaginário pornográfico acessível pelas telas. O resultado é uma restrição da fantasia, e da produção de imagens interiores que se alimenta disso. *Antes, a pornografia imitava a atividade sexual. Desde a chegada da rede, a atividade sexual imita a pornografia*[29]. Aí está outro sério motivo pelo qual as atividades eróticas reais

29. Num reconhecimento realista de quão pouco pode ser eliminado, estão a espalhar-se propostas de "pornografia ética"; cf. Erika Lust – diretora, produtora e escritora feminista – que discute "por que é hora de a pornografia mudar" (https://www.dailymail.co.uk/video/femail/video-1187232/Erika-Lusts-TEDx-Talk-time-porn-change.html).

entram em recessão. A irrealidade dos exemplos vistos nas telas fecha a aspiração em círculo vicioso.

A *web* é uma fonte originária da "educação sexual" para não poucas crianças do ensino fundamental, para muitos adolescentes, e continua a ser fortemente usada como "lazer" pelos adultos. A essa dominância se adiciona, nos meios de comunicação, o peso crescente das imagens em relação aos conteúdos escritos.

Não é literalmente demonstrável em laboratório, porém é mais que verossímil uma estreita relação entre as novas patologias sexuais e ser nativo digital do pornô. Nos *sites* à disposição, as mulheres têm um corpo perfeito e uma condescendência total ao desejo masculino. Os homens dispõem da ereção 24 horas por dia. Essa modelagem inalcançável causa danos psíquicos graves: até mesmo mais profundos do que aqueles induzidos pelas falsificações dos corpos hollywoodianos ou dos desfiles de moda, que podem estimular a anorexia e vigorexia (chamada também de "síndrome de Adônis") em certos sujeitos frágeis. De fato, o pornô como termo de comparação – gratuito e onipresente sobre qualquer pequena ou grande tela – não degenera algumas mentes fracas, interessadas em certas histórias ou em certas roupas, mas o imaginário erótico inteiro, que não só pertence aos indivíduos, mas caracteriza o pensamento latente de uma sociedade.

Uma sexualidade em que o homem está sempre pronto e a mulher sempre submissa, e a relação que se reduz a mecânica e hidráulica, não só são inexistentes na realidade, mas contradizem a presença dos dois componentes de libido e ternura: consideradas necessárias não só pelas igrejas, mas também, como veremos, por Freud. Uma ruína que ocorre também se a dupla não é hétero, mas homossexual. A esmagadora predominância de modelos externos deixa supérflua a referência ao interno: isto é, à psiquê, presença necessária em uma relação erótica. Não se trata de um julgamento moral de outras gerações. Significativo é o fato de que a avaliação negativa do pornô seja compartilhada por 62% dos adolescentes masculinos (os máximos usuários do pornô mesmo) e até mesmo por 78% das mulheres (Zimbardo & Coulombe, 2015, p. 30).

Se as moças rejeitam as atividades antipsicológicas, humilhantes, com frequência até mesmo dolorosas dos modelos pornográficos, também muitos homens experimentam ansiedade e fogem do imperativo de adequação a protótipos como os de aqueles de garanhões que mantêm uma ereção por horas a fio.

O volume imponente do material pornográfico disponível em rede, também em comparação com as possibilidades práticas do mais ávido voyeurista, e os milhões que dele usufruem, criaram um mundo de fantasias sexuais coletivas ingovernável em dimensão e tóxico em conteúdo: foi calculado que mais da metade de suas imagens é fisicamente, ou melhor, anatomicamente impossível de ser traduzida na prática por indivíduos normais (Julian, 2018, p. 11; O'Connor, 2017). Em condições semelhantes, o inconsciente coletivo inteiro sofre de uma séria psicopatologia sexual. Ainda uma vez, exatamente porque é universal, o problema não é visível na superfície.

## A busca pelo acasalamento

Nos países providos de tecnologia e de costumes seculares, os aplicativos para encontros dizem sobretudo respeito a encontros sexuais. Um nome frequente e mais completo para eles é *dating app*, *no strings attached*. Portanto, pode-se esperar sexo "sem compromisso", gratuito e fechado em si mesmo.

Marx teria dito – e Bauman precisou – que as parcerias estão disponíveis sob forma de mercadorias, embora gratuitas. Mas as plataformas *online* tiveram um passo ulterior em direção a um território desconhecido. Por um lado, estão entre os resultados da desintegração do casal. Por outro, em um círculo vicioso, procurando garantir compromissos limitados ao encontro e nada mais, trabalham já de partida contra a formação de um casal: aceitam implicitamente que o usuário deseja se defender de expectativas ansiosas que levam a um relacionamento fixo. Na verdade, como vimos, não promovem um verdadeiro "mercado aberto" em que, pouco a pouco, entre os heterossexuais, cada mulher ganha um homem e vice-versa: em vez disso, ativam um mercado de elite.

Essa dinâmica pode representar uma mudança que vai além da tecnologia ou do costume geracional. Em certo sentido, é uma mutação antropológica, a qual diz respeito à relação natureza-cultura. Se, com uma inevitável simplificação, assimilamos a natureza ao instinto (pulsão sexual) e a cultura às bases da sociedade humana (que, segundo Lévi-Strauss [1969], iniciam com as regras de acasalamento e matrimônio nas sociedades tribais, mas de que as hodiernas tecnologias para a busca de um parceiro sexual gostariam de ser uma continuação), observamos não só uma grande recessão, mas também uma *grande reversão*. Todas as sociedades preveem normas que permitem o conhecimento e a contratação, para chegar ao encontro e então à satisfação sexual. A pós-modernidade do Tinder e dos aplicativos análogos[30] permite a mais veloz das experiências eróticas gratuitas, satisfeita a qual se pode, se desejado, passar também à conversação, ao conhecimento, ao enamoramento, à convivência, ao matrimônio.

Sabemos que a sociedade do século XXI é também atormentada pelo crescimento dos compromissos cotidianos, pelas dificuldades de deslocamento e pela falta de sono. Visto que a procura por um parceiro sempre foi um procedimento longo e complexo, uma mentalidade secular deveria acolher com agrado

30. O mercado potencial se estende pelo globo, embora os encontros sexuais estejam ligados à presença física e sofram com as longas distâncias. Um artigo da edição inglesa da revista Marie Claire, uma das publicações femininas mais cultas e menos vulgares, faz uma revisão dos 18 melhores aplicativos para sexo sem compromisso (https://www.marieclaire.co.uk/life/sex-and-relationships/best-sex-apps-98365).

essa simplificação. Efetivamente, é difícil que se volte a encontros totalmente tradicionais. As vantagens imediatas da técnica são imediatamente utilizáveis.

No debate sobre esses procedimentos, falta, porém, uma atenção a suas consequências colaterais com efeitos psicopatológicos e a sua possível persistência a longo prazo.

## Acasalamento e seleção

Segundo Freud, as descobertas de Darwin foram a segunda e grande renovação do conhecimento humano, a partir da qual não se pode mais voltar atrás. Pelo bem da verdade, mais que valorizar o fato de que o progresso seja irreversível, aquela afirmação tinha definitivamente demonstrado o quanto Freud era um positivista dotado, apesar de outras suas convicções, também de otimismo. Em sua opinião, a revolução de Copérnico fora a primeira mudança a ter limitado a ingênua presunção do homem de encontrar-se "no centro" de tudo. Indiscutível é seu valor, mas não sua definição categórica, vista a quantidade de pessoas e associações que mesmo no século XXI proclamam que a Terra é plana. A segunda ferida no egocentrismo humano era, então, a demonstração darwiniana de que o homem é só um elo da cadeia evolutiva (a terceira está nas descobertas do próprio Freud).

Darwin disse que, no reino animal, geração após geração, sobrevivem, acima de tudo, os mais adaptados ao ambiente. Simplificando para nossos fins, podemos dizer que essa seleção se aproveita, em boa parte, de preferências no acasalamento.

As variantes que, no estado de natureza, podem aparecer com cada geração são potencialmente infinitas. Por definição, são todas "naturais". É fora de base a antiga afirmação segundo a qual a homossexualidade deve ser condenada porque é antinatural. No estado de natureza, entre humanos como entre animais, podem nascer continuamente sujeitos com propensões não só heterossexuais, mas também homossexuais. Eles, porém, não transmitem essas propensões à geração sucessiva porque, sempre em condições naturais, não as produzem.

Passemos agora a uma outra simples observação. Em grande parte das espécies animais, nascem aproximativamente tantos machos quanto fêmeas. Assim ocorre também para os humanos. Por consequência, o pensamento conservador afirma também que o homem é por natureza monogâmico: para cada macho, é prevista uma fêmea e vice-versa. Esse raciocínio, no entanto, vale para a formação do casal, não para sua permanência. Em outras palavras, só em poucas culturas um homem (ou uma mulher) pode casar-se contemporaneamente com diversas companheiras. Entretanto, na prática, considerado também o chamativo prolongamento da vida média e as contínuas mutações de costumes, na Modernidade se tolera que os casais mudem com o tempo, por meio de divórcios e novos matrimônios.

No Ocidente do século XXI, foi difundido também o conceito de "poliamor" (*polyamory*). Nos grupos sociais mais secularizados, dá-se por óbvio que a completa fidelidade sexual é pouco realista, ou até mesmo pouco desejável porque intolerante. Escolhe-se, pois, declarar de partida ao companheiro ou à companheira a própria, e sua, liberdade de escolher outros parceiros. Na realidade, isso ocorria já em grupos análogos nos anos de 1960 e 1970. Falava-se, porém, em um tipo de "liberdade sexual": por consequência de um direito à sexualidade exercitado em forma aberta e absoluta. Poliamor é um conceito diferente porque não se refere tanto ao ato sexual, mas a uma liberdade afetiva, cujos limites são ampliados. O uso dessa ideia parece dar razão a quem afirma que as novas gerações do século XXI têm fome de relações afetivas e, nesse sentido, se dirigem também ao passado, enquanto a "libertação sexual" considerava a si mesma uma via rumo ao futuro.

## Sociedade estável e seus processos de acasalamento

No Ocidente liberal, que, desde mais de meio século, abriu as cancelas do eros, as populações procuraram uma certa estabilidade e riqueza também porque a estrutura das famílias – com laços sexuais, dentro e fora delas – era bem previsível e estável. O equilíbrio demográfico – e, antes da instituição da escola obrigatória, a educação de base – foi garantido pela família monogâmica. As pegadas de Laetoli estão entre os sinais mais antigos da presença humana na Terra. Foram atribuídas a três hominídeos: uma mulher, um homem e uma criança que caminhavam juntos, há cerca de 3,5 milhões de anos. Para nosso tema, não importa saber o que é verdadeiro. Interessa-nos o fato de que a mente moderna tenha visto um núcleo monogâmico em algo assim tão antigo. Não sabemos, na verdade, como variou a família em tempos tão longos. Sabemos, porém, que sua imagem em nossa mente tem um quê de estável.

Naturalmente exceções e transgressões nas estruturas familiares sempre existiram. Entretanto, em todas as épocas, a maioria dos cidadãos foi canalizada em direção à construção de casais heterossexuais com filhos. A população feminina permanece um pouco mais numerosa que a masculina, haja vista que a mortalidade dos homens era superior para os acidentes de trabalho, as guerras, o álcool. Mas as mulheres núbeis, as avós e tias viúvas eram utilizadas para acudir os pais anciãos ou os netos. A pirâmide social regia também porque, em essência, antes ou depois, a cada homem cabia uma mulher, e vice-versa.

## Notas sobre a seleção das preferências masculinas

As espécies vivas adaptaram-se mais ou menos ao ambiente e se reproduzem acasalando-se. Deve-se notar que a seleção das espécies não deriva somente do fato de que alguns sujeitos se acasalam e transmitem a vida, mas também de seu oposto: outros sujeitos, um pouco diferentes, não se reproduzem. Há, pois, tanto indivíduos adaptados quanto outros com dificuldades de adaptação. Mas essas variações são "usadas" pela natureza (isto é, pelas infinitas e casuais circunstâncias que fizeram com que elas existissem) como experimentos. De regra, muitas variantes acabam em um galho seco. Outras, porém, sobrevivem e prevalecem. Assim a espécie se transforma.

As coisas são particularmente complexas no caso da espécie humana, cuja seleção sexual responde não só ao instinto, mas a uma série de componentes culturais que não pode ser simplificada em uma fórmula.

Em geral, pensa-se que o homem é automaticamente atraído pela mulher jovem e por suas formas harmoniosas. Essa preferência natural agigantou-se por ação dos meios de comunicação e da publicidade. O núcleo desse instinto, no entanto, parece derivar da seleção da espécie humana. Certamente, em um hipotético "estado de natureza", a pulsão sexual dos machos será manifestada em numerosas variantes: por conseguinte podia ser dirigida também em direção a (agora pouco numerosas) fêmeas relativamente velhas (entre outros, no exterminado espaço do pornô se encontram até hoje seções inteiras para quem prefere as mulheres maduras). Entretanto, como na atração homossexual, esse instinto dificilmente viria transmitido aos descendentes, porque a relação com mulheres que tenham chegado à menopausa não o produz.

Quanto às formas femininas ideais, hoje são com frequência criticadas porque equivalem a um peso corpóreo inferior àquele da mulher média real, e podem induzir as adolescentes à anorexia. De fato, como notamos vendo as documentações históricas, correspondem ao corpo feminino predominante há algumas gerações, mas hoje praticamente desaparecido, salvo algum fóssil vivo seu que vaga pelo cinema ou pela moda.

Infelizmente, o corpo pós-moderno médio é, de qualquer forma, um produto degenerado e com sobrepeso, com uma notável carga de patologias: diabete, doenças cardiovasculares, mas também psicopatologias antes quase inexistentes, síntese de uma não aceitação do corpo, que frequentemente dá trégua só quando se consegue feri-lo e senti-lo doer.

Isso diz respeito tanto ao corpo feminino quanto ao masculino, tanto no Ocidente quanto no resto do mundo: a nação que hoje mais sofre de obesidade é o Brasil (cf. Nicas, 2022), cuja média ainda está longe de ser satisfatória. Justamente, muitos países punem a discriminação contra pessoas com sobrepeso (também o Brasil, onde ela é chamada "gordofobia"). Mas tudo isso tem seus limites. Pode-se legiferar contra o preconceito, se, porém, não se faz isso contra o instinto, pode-se esperar que a lei mal funcione.

Também a esse propósito, pode-se supor que, no hipotético estado natural, certos homens sejam atraídos por mulheres volumosas (e também para essas preferências o mundo pornô fornece exemplos). Porém, em natureza, isto é, entre os caçadores-coletores, dificilmente havia comida em excesso, colhia-se ou caçava-se o que era necessário, e não se engordava por ter ingerido calorias exageradas. O sobrepeso apareceu na última parte do século XX e explodiu no XXI: trata-se de um "produto colateral" das multinacionais enriquecidas pelo *dumping* de açúcares e gorduras. Entre os caçadores-coletores, a única mulher com sobrepeso era a grávida. Também sob esse aspecto, pois, todas as variantes do instinto são possíveis: podemos imaginar machos pré-históricos que se excitam diante das mulheres de qualquer corporatura e estatura. Mas a relação de um macho com uma fêmea já grávida não transmite nenhum de seus caracteres genéticos. Com efeito, o menino que nascerá leva aqueles do homem que o precedeu.

A preferência masculina a respeito do corpo feminino foi provavelmente fixada por uma seleção com menos alternativas em comparação com a feminina para com o masculino. Naturalmente, pode-se pensar que, em um estado natural, também as fêmeas tinham interesse para todas as variedades dos machos. Mas se fizeram filhos com os mais musculosos, esses poderiam ter sobrevivido melhor. Em tal caso, uma propensão feminina para o corpo masculino mais forte teve uma certa vantagem na seleção. O problema da preferência feminina não é, porém, simples como o masculino: ademais, também hoje se diz que as mulheres consigam entender os homens mais do que o contrário ocorre.

No presumido estado pré-civil e pré-histórico, os humanos viviam em pequenos bandos. Nesses grupos, ao vértice da pirâmide supõe-se estar um macho, no mais das vezes definido como "macho alfa". Ele será facilmente mais musculoso que a maioria dos indivíduos do grupo. Portanto, transmitirá aos descendentes mais características genéticas porque se acasalará com as fêmeas mais frequentemente que os machos fracos. Todavia, esse chefe de bando não é sempre e necessariamente o mais forte.

Também nos grupos de primatas mais similares ao homem, notam-se alguns pouco perceptíveis deslocamentos de liderança que poderíamos chamar protossociológicos ou protopsicológicos. O chefe pode permanecer um macho que está envelhecendo, então talvez não seja mais tão forte assim, mas não há oportunidades para ser desafiado. Do ponto de vista pré-psicológico, emerge o prestígio; do ponto de vista pré-sociológico o grupo obscuramente percebe, e escolhe, a estabilidade.

O mesmo ocorre nas sociedades humanas, tribais ou europeias. Paulatinamente se fazem mais complexas, à frente delas permanecem quase sempre homens. Porém, os fatores que colocam um deles no vértice são sempre mais intrincados. Essa complexidade pode ser antiga: no sentido que, em parte, deriva das estruturas políticas, em parte do poder econômico. Procurando fechar tudo isso em uma fórmula, podemos estabelecer uma distinção. Enquanto o macho se dirige a uma fêmea seguindo um instinto selecionado sobretudo através da fertilidade, então em modo simples, o feminino – para obter mais probabilidade que os filhos sobrevivam – teve uma tarefa mais complexa. As melhores condições para os filhos foram obtidas seguindo critérios não só animais (como é a seleção do mais musculoso). Em um certo sentido, eles levam também as mulheres de hoje não só a escolher seus parceiros segundo modelos complexos, mas também a preferir homens em si complexos.

## O acasalamento segundo Ortega y Gasset

No século passado, o maior intelectual espanhol, Ortega y Gasset (1992, p. 61s.), formulou hipóteses sobre os processos profundos[31] de acasalamento. Em essência:

> Ignoramos completamente quais são os critérios últimos que regem a escolha sexual na espécie humana [...], mas vislumbramos imediatamente o grande dilema: o melhor homem segundo o homem e o melhor homem segundo a mulher não coincidem [...]; à mulher jamais interessaram os genes (Ortega y Gasset, 1992, p. 89).

Vice-versa, a maior parte dos homens gostaria de se sobressair em gênio, riqueza, poder.

O macho sabe bem o que quer e sua preferência é facilmente intuitiva; a mulher é mais imprevisível. O que nos interessa, e pertence só à espécie humana, é a possibilidade de que o ideal masculino é diferente para os homens e para as mulheres. A valorização de Ortega busca os traços de caráter que não variam nas épocas: não obstante algum risco de retórica, não diz coisas óbvias. As mulheres reais surpreendem os homens reais antes "fixando-se em", depois acasalando-se com personagens que outros homens julgam medíocres. A isso Ortega y Gasset chamava "fixação" há um século, e continua interessante também para o

31. Ortega y Gasset fala de predisposições latentes, usando um conceito semelhante à ideia de arquétipo em Jung, que já vimos.

psicanalista de hoje, que pode constatá-lo em seu trabalho. De fato, quando o filósofo espanhol fala da "fixação" (Ortega y Gasset, 1992, p. 90-91) pretende algo de muito similar a isso que a psicanálise chama de estar relacionado (*related*, *bezogen*): sair do imaginário pré-formado sobre estereótipos, perceber a pessoa real e querer entrar em relação com ela.

É bem difícil dizer o quanto essa atitude é cultural (derivada de uma praticidade emergida entre as mulheres nos séculos recentes) ou foi selecionada pelos acasalamentos em tempos pré-históricos. Os filhos dos homens reais, medíocres e não heroicos, provavelmente sobrevivem melhor que aqueles que avançam e por séculos desapareceram em episódios de violência ou nas guerras. Como exemplo, Ortega y Gasset traz o casal Napoleão-Josefina. Esta última jamais se deixava impressionar por presentes e amostras de poder que ele lançava a seus pés. Não lhe interessava, de maneira alguma, o imperador, mas o homem comum escondido nele (Ortega y Gasset, 1992, p. 90).

## O casal tradicional

Até quase recentemente, os processos de acasalamento pareciam corresponder a uma estrutura profunda pouco alterável. Nas classes altas, os cortejos eram longos e custosos. Nas inferiores, eram econômicos, mas não necessariamente menos complexos. Até o século XIX, contudo, pouco se conheciam os costumes em que vivia a maior parte da sociedade, em particular o amor e o matrimônio dos humildes. Se os autores românticos – Alessandro Manzoni em particular – abrem alas, muitas vezes suas obras permaneceram projeções de fantasias das classes cultas; e também no século XX, a narrativa ou o cinema exprimem, sobretudo, os cortejos das classes médio-altas: às mais simples, limitam-se a atribuir critérios similares.

Exceção a essa indiferença é o filme *A árvore dos tamancos*, de Ermanno Olmi (1978), que descreve o amor muito tímido entre dois camponeses de Bérgamo no fim do Oitocentos. Em teoria, o matrimônio foi quase sempre fruto de uma livre escolha entre dois adultos. Em prática, a vida de duas pessoas muito pobres, analfabetas e moradoras afastadas dos centros urbanos deixava poucas alternativas. Se a liberdade de formar um casal fosse exercida, o grupo dentro do qual ela poderia ser praticada seria muito pequeno. Infelizmente, dispomos de muito poucos dados que nos permitam cotejar a vida deles à de hoje. É fundamental que o século XXI deixe a liberdade de escolher com quem ter relações sexuais, ou mesmo com quem fazer somente amizade. Mas essa liberdade, quando nós a exercemos? Muitas vezes nos sentimos traídos, na fidelidade sexual ou até mesmo com amigos, mesmo que, com palavras, digamos que a obsessão pela exclusividade seja um sentimentalismo, o resíduo de uma sociedade desaparecida.

## Todos desejam Helena de Troia

Como jogamos fora cifras enormes com compras inúteis, objetos ou serviços de que não precisamos sequer uma vez, assim desperdiçamos muito da modernidade, da democracia e do progresso. Descartamos uma parte da liberdade junto com a escolha, com o prazer do corpo, com sua beleza que pensávamos desejar. Um rapaz culto, abastado, atlético, que empunha o *smartphone* com Tinder, por causa de suas escolhas de casal, tem possibilidades infinitamente maiores de ser ansioso, depressivo e automutilador, quando comparado com os camponeses que em *A árvore dos tamancos* empreendem o mais tolo dos cortejos.

Esses camponeses estavam majoritariamente em paz – a paz de Abraão, a paz de Max Weber – não somente consigo mesmos, mas com a família e a sociedade. Não se indagavam e não recebiam mais do que o muito pouco que as estruturas sociais lhes tinham já reservado.

O rapaz munido de uma plataforma para encontros quer, de partida, não só a fêmea mais bela, mas a que *os outros* mais lhe invejariam. Não sendo ele *os outros*, mas só ele mesmo, enquanto está combinando um encontro, já se rói, porque teme lhe está fugindo uma outra, realmente bonita, aquela do vértice, que detém um "capital sedutor absoluto". Deformado por viver na sociedade de consumo, ele se deixa seduzir por uma teórica e imensa disponibilidade de fêmeas; e sofre, irremediavelmente prisioneiro do "paradoxo da escolha" (Schwartz, 2004).

Sua paixão erótica abstrata tem raízes muito fracas em um terreno real complexo. O usuário de uma plataforma para encontros esquece-se de que sua psiquê não *é* somente ele, mas se compõe dos infinitos depósitos de experiências psíquicas precedentes. Se assim não fosse, depois do nascimento, sua mente não teria sido desenvolvida seguindo modelos já atuados por seus pais e antepassados. Não teria desdobrado instintivamente, sem que lhe tivessem ensinado, a memória, a capacidade de raciocinar, de imitar, de crescer aprendendo com a experiência. Para o que concerne a nosso tema: de cortejar e de se apaixonar.

A psiquê de cada um *é* também a cultura em que o indivíduo está imerso, e o inconsciente coletivo de que sua mente se diferenciou. Esse protótipo humano universal, portanto, contém já muito daquilo que sabe cada sujeito adequado – ou "suficientemente bom", como diria o psicanalista Winnicott. É também não só natural, mas necessário à convivência humana, sob pena de consequências nefastas, que esse indivíduo adequado forme um casal com um parceiro, por sua vez, "suficientemente bom", não com o melhor em absoluto. Se todos quisessem a mulher ou o homem mais belos e mais invejáveis, a sociedade não seria mais sociedade, mas um permanente fronte de guerra.

Em outras palavras: não é de hoje, mas desde sempre, que o cortejador necessita sentir-se aceitado não só pela cortejada, mas, em certa medida, pela sociedade que dá lugar a esse flerte.

No entanto, Turkle e Julian nos dizem que, com o Tinder, se realiza o exato oposto: o aplicativo de encontro cria uma bolha mental em que cada um se ilude, crendo realizar acasalamentos fora da sociedade real. Existe um exemplo mítico da escalada até a mulher mais sedutora. Segundo a *Ilíada*, dezenas de milhares de homens massacraram-se uns aos outros no arco de dez anos por Helena, a mulher mais bela – que talvez no meio-tempo já não era mais. Se adotarmos esse ponto de vista, ao contrário das espécies animais, mas também dos grupos humanos tribais, a sociedade ocidental pareceria o único grupo vivo que, desde Homero até nossos dias, não encontrou critérios estáveis para regular o acasalamento.

## Escalada ao vértice impossível

Parecia que a sociedade moderna tivesse gradualmente chegado a uma "divisão paritária": ou, ao menos, a uniões civis. As plataformas de acasalamento também participam, porque, em teoria, aceleram o conhecimento mútuo, o namoro e reduzem o tempo de inatividade envolvido na decisão do local do encontro. As plataformas de contato heterossexuais poderiam, portanto, oferecer uma certa garantia estatística de resultados se, digamos, um país grande como os Estados Unidos contivesse cem milhões de detalhes de contato masculinos e cem milhões de femininos. Na prática, a operação gerida desta forma corre o risco de ser demasiado simples, rápida e solitária. O usuário do aplicativo de namoro não se contenta em simplesmente escolher os "bens" – ou pessoas – de acordo com seu gosto individual. Ele também quer saber o quanto sua escolha é compartilhada. O uso do aplicativo se completa, portanto, com o uso de outras redes sociais, o que permite tanto verificar a identidade da pessoa a ser conhecida como entender o quanto ela é apreciada socialmente. É importante, de fato, que o parceiro em potencial seja apreciado não apenas pelo indivíduo, mas também por um grupo mais amplo: uma aspiração que sugere uma nostalgia inconsciente pela sociedade em que os encontros pré-digitais aconteciam.

Infelizmente, os critérios de seleção que, no fim, se utilizam são modelados por aqueles do mercado consumista e competitivo: oferecem ao usuário a possibilidade de buscar o "produto" (= parceiro) mais bonito, mais admirado. Aí deveria iniciar a satisfação de um desejo. Começam, contudo, as contradições.

Também nas plataformas menos "pressionadas" (que dão prioridade a uma autoapresentação escrita dos utilizadores, e não ao fotográfico, geralmente sugestivo) os machos preferidos recebem 1.100% mais mensagens do que os menos selecionados. Entre as mulheres, a diferença que separa as mais desejadas das menos desejadas é ainda maior. E as diferenças aumentam ainda mais nos aplicativos mais "sexualizados", nos quais atributos corporais têm mais importância do que outros, como caráter ou possível ponto de encontro.

Exatamente como um escalador social em campo econômico, o usuário em pré-excitação na tela procura sempre alguém que, nesse classismo da sedutividade, pertence a uma categoria mais alta que a sua. Isso deixa prever que facilmente será rejeitado: de fato, se esse é o critério geral, a pessoa que se está à procura é, por sua vez, tentada a agarrar-se com alguma outra que lhe está ainda mais alto, e assim por diante. Em suma, a construção é, de partida, uma falência: nenhuma pirâmide em que o vértice seja mais largo que a base pode ficar por muito tempo de pé.

Estudos nesse campo dizem que o advento dos aplicativos de encontro não corrigiu o decréscimo da vida sexual nas novas gerações (Julian, 2018, p. 29-30; Lancini, 2021, cap. 2; Turkle, 2019, cap. 6; Twenge, 2018; Zimbardo & Coulomb, 2015, parte I). Na verdade, adicionou-se um elemento "frio", por conseguinte potencialmente antipsicológico e antierótico, oposto da "paixão" desaparecida que encontraremos mais à frente, de que obscuramente se percebe a falta. Os usuários têm pouca consciência do quanto isso depende da venda de sentimentos, com a qual eles próprios concordaram ao confiar demais no digital. O rapaz que procura sua mulher em aplicativos acredita que está fazendo uma escolha pessoal. De fato, os dados nos informam que a maioria de seus critérios são compartilhados. Então, completando sua escolha, move-se *junto com toda a cultura em volta*. Regrediu a uma sociedade que dilui a personalidade individual: mais que seduzir uma garota, ele quer adequar-se aos padrões competitivos do grupo. Em definitivo, busca conquistar não tanto uma companheira, mas a admiração dentro de uma horda masculina, impressionar esse bando e tirar disso prestígio. Como foi muitas vezes dito, isso o qualifica mais como homossexual inconsciente do que como heterossexual.

## A pirâmide que colapsa

Paradoxalmente, quando todos querem escalar o vértice da pirâmide, o edifício inteiro acaba por assemelhar-se a uma construção da economia maquiada mais que a um concurso de eros com prêmios para cada um. Em vez de Don Juan, os usuários acabam imitando Charles Ponzi ou Bernard Madoff.

O assim conhecido Esquema Ponzi do engano financeiro é muito simples. Consiste em seduzir os investidores, fazendo com que eles acreditem ser mais astutos que os outros: dirigiram-se aos primeiros como a um gênio financeiro, que os remunera melhor do que qualquer outro. Na realidade, não havia remuneração. Os falsos altos interesses, que, em um primeiro momento, os "investidores" recebem, são os valores investidos pelos ingênuos subsequentes, iludidos de serem os novos espertos. Por um breve período, todos têm a sensação de subir a um andar superior. Depois, os tempos se aceleram e o capital some: todos caem do suposto vértice para a base, onde teria sido prudente ficar.

A semelhança é forte. Também nas plataformas de encontro as pessoas se inscrevem com motivações díspares. A mais frequente, embora não necessariamente consciente, é uma necessidade de sair da solidão, como podem constatar todos os psicanalistas. Ao mesmo tempo, há a vontade de ser admirado: então, o desejo de subir alto, onde os outros nos possam ver. Em essência, o "pensamento único do consumismo competitivo" instilou em todos a ideia de que não se busca um parceiro porque o amor é uma legítima exigência universal, mas sobretudo porque as conquistas amorosas são um tipo de volutuário com que obter prestígio: segundo a clássica definição de Veblen, um *conspicuous consumption* ou "consumo exibicionista". Como certos carros de luxo, cuja destinação não é uma estrada por onde viajar, mas um estacionamento no qual ficar em exibição. Também Girard apontou o aspecto mimético do desejo humano. Isso pode corresponder a uma embalagem sem um conteúdo: nós nos voltamos para os outros para aprender a desejar. Quando não somos capazes disso, desejamos, antes de tudo, ser desejados ou invejados.

Nesses processos, a sexualidade perde a função de unir duas pessoas (até a masturbação não pode ser completamente reduzida a "vício solitário", porque, em geral, contém fantasias sobre um parceiro), refugiando-se no setor mais externo do individualismo pós-moderno. O sujeito se torna um outro doente da massa instável fatiada por "narcisismo social global" (Lingiardi, 2021, p. 108).

## Não mais eros, mas narcisismo

Nossa pesquisa partiu de Freud. Sua teoria psicológica, ao contrário da de Jung, dizia respeito à mente individual. Mas foi aplicada muitas vezes à sociedade. Depois da Segunda Guerra Mundial, nasceu da Escola de Frankfurt um estudo que, partindo dos conceitos freudianos de Ego, Superego e Id, classificava os tipos de personalidade autoritária potencialmente fascistas (Adorno et al., 1973). O argumento de que estamos tratando nos leva agora a um outro escrito de Freud alargável à sociedade: o sobre narcisismo (Freud, 1976). Segundo o mito grego, Narciso era incapaz de amar alguém que não a si mesmo. Em sequência, os usos desse conceito expandiram-se ao infinito.

O fundador da psicanálise e autores sucessivos fizeram referência também a um narcisismo "primário", fase pela qual a psiquê deve passar em seu desenvolvimento, não sendo, portanto, patológica. Seu espaço está tanto nas passagens do crescimento quanto na graduação que une a psicopatologia ao funcionamento psíquico aceito como normal. "A construção da nossa saúde narcisista vive na troca, à medida que aprendemos a caminhar no eixo de equilíbrio que conecta o eu ao você" (Lingiardi, 2021, p. 34). No século XXI, o *adjetivo* narcisista é muitas vezes usado também para descrever deformações mentais coletivas. Isso é explicado nos estudos sobre os extremismos políticos do século XXI (neofascistas, mas não só; na Alemanha[32], mas não só) e é um descendente cultural da Escola de Frankfurt. Essas pesquisas trabalham com a categoria "narcisista" não somente quando a certos *indivíduos* falta a capacidade de integração em uma relação de casal ou em uma família, mas também quando se constituem *grupos* que não estão integrados na "sociedade aberta" e que, ao contrário, querem sua destruição.

Nas estruturas econômicas e culturais indiretamente prometidas pelo considerado pensamento único depois da Queda do Muro de Berlim, passou-se pouco a pouco de uma normalização do individualismo para uma universalização e despatologização do narcisismo. Na síntese de Lingiardi a que fazemos referência, o ponto de chegada é a intoxicação de três espaços da vida cotidiana: a política, o corpo, nossas relações (Lingiardi, 2021, p. 34). Esse permanente envenenamento por narcisismo mina muitos aspectos do eros que até há pouco tempo pareciam estáveis.

32. Cf., por exemplo: Decker e Brähler (2020a); Heller, Decker e Brähler (2020). Elmar Brähler cresceu na Alemanha Oriental e depois lecionou em Leipzig, analisando os movimentos de extrema direita, mas também a psicologia de sua extinta ditadura comunista, bem como as relações de gênero e seus preconceitos entre os alemães pós-modernos.

## Sexualidade como indicador do mundo

No individualismo consumista pós-moderno, o muito antigo poder de relação da sexualidade é dramaticamente atrasado. Como sabemos pelos nossos animais de estimação, espécies não humanas conhecem alguma forma de masturbação, mas buscam primeiro a relação sexual. Os humanos, no entanto, dada sua complexidade psicológica, podem acabar se concentrando em si mesmos, mesmo em eros: é a única espécie que pode atingir uma prevalência de satisfação solitária com a relação sexual.

Don Juan, o sedutor em série, por um lado representa alguém que é capaz de experimentar o auge do acasalamento erótico. Por outro lado, ele também é o mais irremediavelmente solitário. O mais famoso dos escritos sobre essa personagem mítica conclui assim: "[...] mesmo o mais múltiplo gozo pertencente à realidade é muito pouco para ele comparado com o que desfruta em si mesmo" (Kierkegaard, 2018, p. 163).

Além de importante por si só, a sexualidade é um "termômetro inconsciente" da sociedade em que vivemos. Mesmo que eu nada saiba sobre a vida erótica do globo, de minha cidade, ou mesmo de meu vizinho, os processos culturais unem as populações através do inconsciente coletivo. O que acontece na dimensão mais privada do sexo também é um indicador de tendências maiores que prevalecem no mundo.

Não somos, pois, impressionados ao descobrir que, na pós-modernidade individualista, uma não pequena parcela de relações sexuais é substituída pela masturbação. De um lado, isso pode denunciar uma deriva narcisista da sociedade. De outro, tal forma de satisfação não é tanto uma patologia, mas uma tendência inata, arquetípica (Hillman, 1983) e não apreendida: Spitz encontra suas raízes na primeira infância (Spitz, 2010, cap. 14). Como outros processos da primeiríssima idade que discutiremos, também a masturbação não pode ser reduzida simplesmente a seu ato: é um impulso ambivalente, porque comporta tanto um brotar de fantasias quanto – bem antes que intervenham castigos – uma inibição. Em essência, como toda a sexualidade, também a masturbação é complexa, invade campos que transcendem o físico, é sujeita a tabu: nos monoteísmos é abominável, mas nas sociedades xamânicas pode ser exatamente um sinal da predisposição a tornar-se xamã. Os tabus não são só proibições, servem a criar complexidades culturais (Hillman, 1983, p. 90; Spitz, 2010).

A afirmação da masturbação na coletividade e entre os adultos indica um "limite neurastênico", isto é, uma fraqueza no investimento erótico. Ao mesmo tempo, não se pode reduzir unicamente à *perda* do objeto do desejo. É também um inconsciente retorno às raízes da pressão sexual e uma busca pela fantasia que a acompanhava.

## Parentalidade

Falando de relações sexuais, não devemos nos limitar a nossa parte mais animal que procura o prazer. Queremos, porém, trazer à consideração o inteiro poder gerativo humano que deriva da sexualidade. Ele não se limita certamente à satisfação física, mas corresponde à realização de uma identidade. No tempo, o sexo tem o poder de nos tornar genitores. Evento que pode dar um "prazer" que, diferente de um orgasmo, se prolonga durante nossa vida.

Nos últimos 50 anos, a técnica médica não só deu mais passos que no resto da história, mas criou o novo e imenso ramo da medicina reprodutiva. A fecundação artificial, o transplante de ovário, a maternidade de aluguel foram progressos gigantescos que permitiram as mulheres em idade relativamente avançada, os casais heterossexuais não férteis e ainda os casais homossexuais gerar filhos. Para além dos aspectos médicos, a opinião pública considera os primeiros dois grupos (que buscam corrigir infertilidade ou menopausa) como casos privados, enquanto os filhos de casais homossexuais demandam modificações das leis, assim se tornam temas públicos e políticos.

Nossa perspectiva é psicológica e não comporta essa distinção. Para a psicologia, todas as três categorias citadas têm em comum o ser, por assim dizer, "às margens da parentalidade". Mas, nas complexidades do século XXI, ela se transforma em uma condição generalizada.

Antes de tudo, pelo lado fisiológico. Por motivos muito articulados para serem identificados com precisão, mas que se presume sejam ligados à introdução no corpo humano de substâncias que em natureza não existem (sobretudo as matérias plásticas), nos países onde é medida está ruindo a fecundidade, seja masculina (degeneração dos espermatozoides), seja feminina (multiplicação das menopausas precoces). Um fenômeno, ao menos, evidente nos países mais ricos (Swan, 2020)[33]. Combinando-se à diminuição das relações sexuais tradicionais, isso leva à queda demográfica de hoje, que da Europa e do Japão está se estendendo à América do Norte, à China, às partes desenvolvidas da Ásia.

Do ponto de vista psicológico, ademais, se pode até mesmo argumentar que a condição normal em que cresce uma criança é há muito a da família de parentalidade reduzida, uma vez que "sem pai". Já na segunda metade do século XX, a sociedade ocidental foi considerada substancialmente privada do tradicional genitor masculino (Mitscherlich, 1970). Se isso é, em boa parte, verdadeiro no plano sociológico, ainda mais o é do ponto de vista da figura psicológica[34]: também nas famílias das quais o pai não é materialmente afastado, seu papel perdeu grande parte da especificidade patriarcal tradicional, assumindo a de coadjutor

---

33. https://www.axios.com/falling-sperm-count-endocrine-disruption-59c8be98-bfad-4e9b-8738-985ece67a21d.html; https://www.amazon.com/Empty-Planet-Global-Population-Decline/dp/1984823213; https://www.amazon.com/Global-Spread-Fertility-Decline-Uncertainty/dp/0300139063.

34. Esses assuntos são tratados em meu *Il gesto di Ettore. Preistoria, storia, attualità e scomparsa del padre* (Zoja, 2016b).

do cuidado materno. Tomou a forma de uma proteção e de uma "assistência primária" que se prolonga no tempo.

## "Parentalidade marginal"

Quando sentem que querem um filho, as pessoas que compõem essas "categorias marginais" (mulheres em idade avançada, casais heterossexuais não férteis, casais homossexuais) perceberão antes de tudo um desejo pessoal. Mas para avaliar um problema tão novo e vasto, queremos alargar o olhar. Se considerarmos as exigências da sociedade em seu conjunto, notamos que, em um mundo afligido tanto pelo decréscimo da fertilidade quanto por aquele dos nascimentos (dois fatos conectados mas não idênticos), o desejo gerativo deles equivale também a uma necessidade da sociedade toda: se o impulso pessoal não for particularmente consciente disso, corresponde de qualquer forma a uma necessidade comum, transmitida por meio da cultura explícita ou implícita (isto é, o inconsciente coletivo).

Ao contrário da opinião conservadora, esses indivíduos não estão apenas doando a si mesmos: cada passo que dão para ter um filho é um ato generoso para com uma sociedade que carece de novas gerações. O problema moral das últimas técnicas generativas que eles adotam se apresenta sob outro aspecto: o dos limites[35] além dos quais eles querem ir. É certo que a tecnologia continue a avançar enquanto pode, só porque pode?[36]

Se uma mulher que ainda não atingiu os 40 anos não consegue engravidar devido ao início precoce da menopausa, seu direito de buscar ajuda técnica dificilmente será contestado. Semelhante é o caso de um homem cujo esperma é considerado infértil. Quanto aos casais homossexuais, os estudos realizados até agora nos dizem que seus filhos não apresentam desvantagens em com-

---

35. Reitero o tema de meu *Storia dell'arroganza* (Zoja, 2003b).

36. Tema sintetizado por Galimberti (1999).

paração aos filhos de casais heterossexuais. Mais precisamente, dadas as controvérsias em torno do tema e a dificuldade de realizar grandes estudos comparativos tanto ao longo do tempo como em relação às famílias heterossexuais tradicionais, pode-se dizer que até agora os opositores da parentalidade homossexual têm apresentado apenas argumentos ideológicos: falharam demonstrar que um casal do mesmo sexo é menos adequado para criar filhos do que um casal heterossexual[37].

É claro que, ao avaliar sua adequação, deve-se ter em mente que pais heterossexuais com problemas de fertilidade ou de idade e pais homossexuais já foram, em grande parte, "selecionados" por uma motivação particularmente forte. Comparados aos pais comuns, é mais difícil para eles privar um filho de sua presença, de sua energia, de seu dinheiro.

## Onipotência da técnica e problema de limites

Em vez disso, é a ultrapassagem contínua dos limites que introduz um problema ético, que não existia antes das atuais tecnologias reprodutivas. Depois de engravidar uma mulher aos 40 ou 45 anos, até onde devemos ir? Não há um limite teórico, então até 80 ou 90? Aqui encontramos uma possível *obstinação generativa*, correspondente à chamada *obstinação terapêutica* que, graças a técnicas cada vez mais sofisticadas, mantém certos pacientes vivos, mesmo estando em estado terminal. Ao prolongar cada vez mais a existência de uma pessoa – muitas vezes cada vez menos consciente –, a questão dos médicos não diz respeito ao limite da técnica, mas ao do sentido e do consenso: é justo continuar a pressionar mais, sem definir previamente o objetivo e sem receber uma aprovação clara da parte interessada?

---

37. Isso é ressaltado por alguns artigos científicos que, por sua vez, fazem referências aos principais estudos sobre o tema (https://www.ncbi.nlm.nih.gov/pmc/articles/PMC4498477/; https://academic.oup.com/humrep/article/26/7/1609/2913955nc-fr_policy_brief_november_final(1).pdf).

Geralmente, a consciência do paciente terminal diminui, mas existe. Em vez disso, ao contrário da obstinação terapêutica no fim da vida, na *obstinação generativa o consentimento da parte interessada – a criança – está ausente desde o início.*

Com a mudança de costumes, é bem provável que, quando crescer, o filho de uma mãe idosa e solteira não a repreenda por tê-lo desejado tão intensamente: é provável que assim seja, mas não é certo. Seguindo a mesma evolução, os filhos de um casal homossexual dificilmente culparão os pais por tê-los gerado. Mas não é seguro.

Na raiz dessas questões está uma questão impossível de responder: Qual será o paradigma moral na sociedade em que eles viverão quando adultos? Era uma vez, quando as crianças nasciam pela vontade de Deus ou pelo destino. Nossa sociedade secular, que substituiu essas categorias metafísicas por outras especializadas e clínicas, provavelmente tem inveja desses milagres da tecnologia e já começou a dizer: as crianças nascem porque são desejadas, não como crianças, mas como uma extensão narcisista de seus pais, preocupados em criar novas metas e atingir novos marcos quando a geração não assistida é insuficiente.

# PARTE III

# EM QUE PONTO ESTAMOS

*Quando uma atividade humana [...]*
*supera um certo limite, antes vai contra*
*o próprio objetivo, depois ameaça*
*destruir todo o corpo social.*
Ivan Illich, *A convivencialidade*

## Sexualidade e dinheiro

Por milênios, era evidente o que movia a sociedade, além de reis e chefes de governo: a religião, a ideologia, a cultura, a beleza expressa diretamente na arte. Certamente também os comércios, mas deviam se harmonizar com outros fatores.

Este livro começou recordando que a principal contribuição a uma – adestrada e relativa – liberação da sexualidade veio de Freud. Ele não extraiu da psicanálise grandes ganhos econômicos, senão os razoáveis honorários dos pacientes, das conferências, dos direitos de publicação. A "libertação sexual" se afirmou em um Ocidente onde estava vencendo o liberalismo. E o liberalismo promoveu também o liberalismo econômico, isto é, um vasto mercado. A libertação sexual fez parte disso, sobretudo na América no início. Em seguida, em um processo circular, alimentou-se da infinita curiosidade e dos novos setores de mercado a que tinha dado vida.

Depois do que dissemos sobre os *sites* de encontro, devemos constatar que boa parte da digitalização se afirmou como "colateralidade erótica". Por muitos motivos, a iniciação sexual se tornou quase impensável sem *smartphone*. Trata-se de um vínculo difícil de desestruturar ou arruinar. O empreendedorismo do setor digital – computador, *smartphone*, indústrias do *software* a eles ligadas e assim por diante – é o coração da economia pós-moderna, não só porque seu volume de negócios é já superior ao do carro, mas também porque dispõe ainda de amplos lucros, ao contrário da indústria automobilística ou de outras produções mais tradicionais, em que as margens de ganho estão erodidas por gerações de concorrência.

Uma "erotização da economia" ficou particularmente visível em um país como a Itália, onde até os anos de 1960 a Igreja Católica exercitava um forte controle sobre a sexualidade. Com os anos de 1970, tudo mudou rapidamente. Como recordado, a monogamia e a maternidade de valores absolutos se convertem relativos, por meio de novas normas que tornam legais o divórcio e a interrupção da gravidez. A maior liberdade sexual criou também na Itália novos setores produtivos, de grandes dimensões e com alta margem de ganho. Não eram sempre necessárias leis novas, bastava geralmente uma diferente interpretação da velha norma. As mais recentes avaliações dizem respeito, sobretudo, à exposição do corpo.

Os políticos se tornariam ridículos se emitissem leis que meçam em centímetros a pele humana visível. O artigo 529 do Código Penal italiano se limita a condenar os atos que ofendam o "senso de pudor comum". Mesmo tendo entrado em vigor em época fascista (1930), não é necessário revisar a lei, basta estar de acordo sobre o fato de que, concernente ao pudor, o sentimento compartilhado mudou. A partir dos anos de 1950, os italianos começaram a ir mais frequentemente à praia e a mostrar o corpo cada vez mais. A aplicação prática do conceito tornou-se cada vez mais tolerante.

Os novos setores de mercado que se aproveitaram disso são as revistas ilustradas, o cinema, a moda, a televisão comercial. Estamos falando de um crescimento quantitativo, sua qualidade não deveria nos dizer respeito. Vale, porém, a pena recordar que a rápida sexualização dos meios de comunicação tem uma decisiva influência cultural, embora não direta e nem sempre negativa como pensava Sorokin.

Em resposta à retórica beligerante do fascismo, depois do segundo conflito mundial, a Itália produziu o assim chamado cinema neorrealista, realizado com poucos meios e centrado nos humildes. Indiretamente, a repressão e o provincialismo do vintênio, por ricochete, assim favoreceu a arte. Segundo a crítica cinematográfica de cada país, o neorrealismo (anos de 1940 e 1950) se tornou rapidamente o melhor cinema do mundo. Quase com a mesma velocidade, porém, desapareceu. A possibilidade de realizar (sobretudo nos anos de 1970) um cinema sexualizado sem grandes custos, mas com alta venda de bilhetes então com bons ganhos, foi uma, e não a menor, entre as causas do rápido declínio da criatividade neorrealista.

## Capital sexual e colateralidades eróticas

Estudando os aspectos da cultura influenciados pela sexualidade chegamos então àquelas que podemos chamar colateralidades eróticas, ou sexuais. Elas foram inseridas na Modernidade, em seguida na pós-modernidade. Dificilmente a deixaram: como recordamos na "Primeira parte", são dois pilares econômicos na vida dos países em que operam.

Desde sempre a sexualidade tem uma relação com a economia, que não é só a direta da prostituição. Como Sorokin temia, o ser "*sexy*" acresce um "*plus*" a muitas atividades humanas, sobretudo onde a contratação é muito aberta. Também quem vende viagens ou investimentos financeiros deve, dentro de certos limites, seduzir o cliente, diferentemente de quem vende peças de carro, para os quais há poucas alternativas. Por isso, dando nova vida aos conceitos usados por Marx (capital econômico) e por Bourdieu (capital social), falou-se comumente também de um "capital sexual"[38]. Naturalmente, também esse recurso é distribuído de maneira desigual e acentua as injustiças da sociedade.

Interessa-nos, porém, agora o fato de que setores imensos da economia tenham nascido do sexo, para depois serem desvinculados dele. Na atual época pós-erótica, essas "produções"

38. Conceito para o qual duas estudiosas israelitas forneceram um enquadramento sociopsicológico (cf. Illouz & Kaplan, 2022).

continuam a crescer por conta própria, mesmo que decresça a sexualidade que as havia iniciado. Seu desenvolvimento, agora, pode ser pilotado por agentes distantes e que estão longe de ser *sexy*, ou até mesmo por uma Inteligência Artificial.

É o caso da moda, que em si não tem relação direta com a sexualidade. Mas, devendo produzir novidades sazonais, pode propô-las recorrendo a provocações eróticas. Sobre as passarelas desfilam os que falsamente são ditos modelos, em realidade corpos pouco imitáveis porque sensivelmente diferentes da média. É verdade que, depois de muitas campanhas contra a discriminação, a moda anuncia roupas também para quem é gordo. Trata-se, contudo, de propostas insignificantes, em respeito às necessidades reais. De fato, não só no Ocidente, mas também nos países em vias de desenvolvimento, as pessoas gordas constituem então um percentual altíssimo, normalmente a maioria: nos Estados Unidos, os obesos chegam até 42,5% da população. Se incluído quem é classificado como "sobrepeso", alcança 73,6%[39].

Em todo caso, nas décadas as casas de moda têm em parte tomado protagonismo em um certo decréscimo de interesse pela sexualidade. Normalmente parece que buscam atingir a imaginação com provocações não estreitamente eróticas, mas sempre mais estranhas, inesperadas.

## Desmantelar o mundo

Passo a passo, somos obrigados a algumas constatações preocupantes.

Durante o 1900, o espaço quantitativo e qualitativo da sexualidade continuou a crescer. Antes, seguindo uma ampliação do

39. Trata-se novamente de dados do CDC. Referem-se a 2017-2018, portanto, no momento em que vocês lerem este texto, provável que mais de três quartos dos americanos terão superado o patamar (https://www.google.com/search?-channel=trow5&client=firefox-b-d&q=overweight+statistics+us).

conhecimento fornecido por Freud, e em geral pela perspectiva psicanalítica. Em seguida, como consequência de um "liberacionismo sexual" continuativo. As novas liberdades se transformavam em cultura de massa, que se torna também mercado de massa.

Chegando aos anos de 2000, percebemos que a economia inicialmente gerada pela sexualidade não tem mais necessidade da sexualidade para continuar: pode avançar com suas próprias pernas, tão poderosas que correspondem quase ao avanço da própria economia. A massa do problema que temos diante de nós alcançou dimensões invencíveis. Corresponde ao que predomina na economia. E a economia, por sua vez, prevalece entre as atividades humanas, em todo o mundo. Para afrontar o problema de que nos estamos ocupando, seria necessário então desmantelar o mundo. Para contrastar o decaimento da sexualidade, deveríamos frear o crescimento de setores centrais da economia.

Roupas, perfumes, cosméticos representam setores gigantes, mas, no fundo, secundários. Como vimos, o mais importante setor colateral da sexualidade se tornou a comunicação digital. Não podemos dizer que a "doença" do eros seja literalmente causada por computador e *smartphone*. Porém avança junto de seu desenvolvimento, e se exprime de modos disformes em seus conteúdos.

Pode-se ir mais além. É provável que os crescentes substitutivos virtuais do corpo, como as telas, estão associados às maiores novas psicopatologias corpóreas eclodidas entre o fim do século XX e o XXI. Vimos no *Reverse Flynn Effect*, e voltaremos a ver no "paradoxo da internet", que os processos de conhecimento, uma vez assimilado o mundo digital, iniciam a tornar-se uma aquisição infinita, que pode produzir um declínio das capacidades mentais. Mais em geral, a substituição da presença corpórea com aquela virtual favorece uma desorientação do instinto.

É bem intuitivo como o excesso de calorias contido na *trash food*, que conduz à obesidade, corresponde a uma veloz diluição, então a uma perda da relação com o impulso nutritivo originário. A sensação de saciedade gerada pela comida hiperindustrializada é tão breve, e seu sabor tão artificial, que induz quase imediatamente a uma outra ingestão, e assim sucessivamente. A bulimia – e a anorexia, seu oposto que procura combatê-la alimentando o círculo vicioso – corresponde a uma habituação à hiperalimentação. Nisso o gosto de comer, também uma coisa boa, sumiu, enquanto persiste o *des*-gosto tanto pela comida quanto pelo próprio corpo e pelo ato de nutrir-se.

Trata-se, para todos os efeitos, de uma dependência. Mais especificamente, de uma paroxística, irresolvida ambivalência em que prazer e repulsão se avizinham sempre mais, chegando até a se tornar quase contemporâneos. Para voltar à sexualidade, a dinâmica dos maiores transtornos alimentares é igual às mais comuns disfunções sexuais: por exemplo, no campo masculino, a ejaculação precoce, em que o orgasmo se subtrai à vontade do sujeito quanto mais ele se deixa guiar por exemplos padronizados e externos; ou o simétrico oposto, a falta de ereção. Uma vez introjetados os modelos de "macho garanhão", que se extraem dos meios de comunicação de pior qualidade ou da pornografia, não é fácil colocá-los em prática na vida real com uma mulher real. Nesse ponto, a parte inconsciente da psiquê nega comumente – privando-o de um orgasmo verdadeiro – a satisfação do sujeito que esqueceu a origem de um ato sexual satisfatório, isto é, a relação com a parceira ou o parceiro, e sobretudo a consigo mesmo: se se procura um modelo até mesmo no momento íntimo, essa última é gravemente comprometida.

Não obstante a anatomia diferente, essa dinâmica de "impotência psicológica" descreve também a correspondente frustração interior que se verifica na mulher; e é chamada frigidez se limitada a uma anestesia que elimina o gozo sexual ou vaginismo quando provoca inconscientemente uma dificuldade física na relação, que exatamente conscientemente se quer. É interessante notar como esses fenômenos foram descritos com acurácia por

Freud já em 1912. O fundador da psicanálise via na patologia masculina a manifestação de uma ambivalência não resolvida e permanecida profundamente inconsciente. Por um lado, o costume desvalorizava a mulher (não nos esqueçamos, por exemplo, que não existia ainda o voto feminino). Por outro, como em todas as épocas, o macho provava uma ansiedade por desempenho sexual causada por uma supervalorização do objeto erótico, a qual, por sua vez, podia produzir a impotência.

Não obstante tenham caído os tabus da sexualidade, no século XXI assistimos ao fenômeno dos Incels (*Involuntary Celibates* = celibatários involuntários), ponta do *iceberg* de um mal-estar masculino coletivo. Trata-se de homens que se consideram vítimas do feminismo e do poder exercitado pelas mulheres: declaram querer uma parceira, mas, ou não conseguem encontrá-la, ou então pensam que toda companheira demanda muito do macho. Neles, a contemporânea e irresolvida desvalorização/supervalorização da mulher descrita por Freud se repete um século de distância, tornando-se ideologia de um grupo tosco, em que a sexualidade insatisfeita reaparece arruinada: transformada em uma rejeição da mulher, isto é, em uma pulsão negativa.

## O pacto faustiano com a técnica e contra o eros

Partimos da sexualidade, mas notamos como as ramificações que derivam dela não alcançam todos os lugares. Não só as colateralidades sexuais não têm mais necessidade do sexo, muito menos do tradicional: elas se alimentam de seu contrário, a retirada da sexualidade. Ela pode favorecer a pornografia, seu muito antigo substitutivo.

O jovem dos anos de 1900 tinha sido emancipado pela tradição. Não esperava mais o matrimônio para iniciar uma vida sexual. Ela era praticada entre colegas de estudo, entre adolescentes. Uma liberdade sobre cujas vantagens se podia discutir, e se discutia porque comportava gravidez indesejada, doenças transmissíveis, contínuas rupturas de relacionamentos muito provisórios, acompanhadas por sofrimentos psicológicos. Mas uma independência parecia, ao menos, adquirida. A nós pós-modernos, netos do Iluminismo e das lutas pelos direitos políticos, parece difícil que uma liberdade em si represente um mal; em vez disso, instintivamente pensamos que um direito, em si mesmo neutro ou bom, está sendo mal utilizado.

O adolescente de hoje não foi enjaulado em um novo proibicionismo sexual, continua a ser livre. Mas comumente não sabe aproveitar as possibilidades de que dispõe. Nem quer voltar às proibições da metade dos anos de 1900, nem consegue usufruir da liberdade – geralmente mais neurótica que real – distribuída nas décadas sucessivas àquele período.

O 1900, porém, falava muitíssimo sobre o sexo, da liberdade sexual, dos benefícios ou dos riscos de um crescimento contínuo seu. A favor, ou contra: mas existia uma consciência do quanto o problema era central.

Hoje, como vimos, a sexualidade está em regressão. Em teoria, se continuassem certas taxas de decrescimento, a tradicional poderia desaparecer até o fim do século XXI. Mas quantos falam disso?

## Limites do desejo e limites humanos

Uma projeção de tendências presentes sobre um futuro de muitas décadas pode ser abstrata mas convidativa à reflexão, como nos demonstram os estudos do MIT – Clube de Roma sobre os "limites do desenvolvimento" econômico global. Eles foram realizados por estudiosos internacionais de nível máximo e lançaram um alerta que tivera enorme ressonância nos meios de comunicação. Não obstante isso, quase nada foi feito. Agora é óbvio recordar aquele precedente hoje, diante da possibilidade não mais tão remota de catástrofes ambientais e outros colapsos planetários entrelaçados. Os primeiros estudos do MIT – Clube de Roma remontam aos anos de 1960. Se tivéssemos intervindo à época, as providências a serem tomadas hoje seriam muito mais simples.

O uso da palavra "causa" é desaconselhável de partida, quando se discute degenerações internas de uma complexidade global. É oportuno renunciar às quantificações, não à reflexão.

Os debates do MIT – Clube de Roma foram grandiosos, mas restringidos em um limite estrutural. O problema das barreiras para a *expansão das atividades humanas* na Terra foi abordado como problema técnico e quantitativo: da economia, das matérias-primas, da população. Queria-se prever e evitar a superação de limites não reversíveis. Na realidade, aquela contínua expansão não nasce no vazio, mas na mente humana. Suas consequências econômicas, sociais, ambientais, não podem ser abordadas separando-as da psicologia que é sua origem, isto é, refletindo só sobre os desastres e não sobre o excesso de desejos que os produziu. Para a compreensão dos limites do desenvolvimento é necessário um estudo sobre os limites do desejo, evidentemente adoecido. A economia que conta não pode ser separada da psicopatologia.

Sobre isso, publiquei um estudo multidimensional[40]. A análise de um problema tão vasto não pode estar limitada aos sujeitos de hoje, possuídos pela onipotência no âmbito econômico ou político. O constante ultrapassar do limite é um modelo mental, recorrente nas épocas e nos períodos mais diversos. O mito grego já tinha isso em mente, pois punia a *hýbris* com a *Nêmesis*: decidida pelos deuses, pelos homens, pelo destino.

Mais tarde, no curso da história europeia, o terror apocalíptico de um castigo divino parecia ter sido esquecido. O modelo do desenvolvimento infinito foi gradualmente transformado no implícito "pensamento único" do Ocidente. Só a partir dos estudos do MIT – Clube de Roma, foram colocadas em discussão as catastróficas consequências de uma atitude expansionista: seja como for, não é a doença situada no pensamento que promove isso.

---

40. Cf. o meu *Storia dell'arroganza* (Zoja, 2003b). Nos anos de 1990, fui por isso convidado a contribuir em debates com diversos autores do MIT – Clube de Roma: Forum du Mas Encounters, 1996-1999.

## O isolamento erótico

Os homens desejam. Porém, como vimos no paradoxo de Easterlin, uma vez obtido o que desejam, esperam logo outra coisa, comumente dobrando a aposta: alimentam com uma excitação mental (não fisiológica, não natural) aquele apetite que deveria já estar saciado. É uma consideração válida para a dependência excessiva de uma droga, dos objetos de consumo, da comida, de infinitas coisas: e, naturalmente, também da sexualidade[41]. O problema não está no fator do qual se depende, mas na dependência em si: na fragilidade de uma psiquê não mais autônoma, tornada um reboque passivo, que tem renunciado a ser um veículo dotado de sua trajetória.

Nesse ponto, voltamos a nosso tema. Por longo tempo, depois da revolução sexual, observamos o desenvolvimento de uma *dependência compulsiva da sexualidade*. Infelizmente, tudo o que se repete em forma de obsessão tem renunciado ser gozo em si. Essa deformação não foi particularmente percebida, exatamente porque é geral. Não podemos cientificamente demonstrar, mas razoavelmente supor, que o eros no mundo tenha sido diluído e se enfraquecido também por meio do acúmulo de dinâmicas como essa. A "bulimia do desejo" trabalha todos os dias e anos na desagregação do próprio desejo.

Nesse ponto, não é preocupante só o decréscimo do eros em si, mas a indiferença pela qual é circundado. A liberdade erótica tornou-se óbvia. Os debates sobre a sexualidade tornaram-se chatos. Sobretudo, não fazem o dinheiro circular. A sexualidade, pelo menos a tradicional, é sempre mais ausente do discurso, o que, em um círculo vicioso, alimenta adicionalmente a dissolução de sua prática. É fácil demonstrar isso ao contrário. A "transição sexual" é um dos seus aspectos que, nos tempos de Freud, era certamente negligenciada, mas agora está em sólido

---

41. Tratei do tema em *Nascere non basta* (Zoja, 2003a).

crescimento. Uma vez reconhecida, a transexualidade coloca em movimento psicoterapias, cuidados hormonais, intervenções sociais e cirúrgicas: e aí aparecer um vasto setor baseado não só, como é lógico, nas intervenções, mas simplesmente sobre a previsão econômica da expansão a que está destinado (cf. "U.S. Sex Reassignment Surgery", 2020). Fala-se disso porque, para muitos, é um problema, mas também porque a despesa que representa é destinada a pesar sempre mais na balança da saúde total.

No 1900, e ainda mais nos anos de 2000, discute-se sobre o que tem relevância econômica: isto é, que "gera PIB". Os "colaterais do sexo" geram PIB, enquanto fazer amor não gera PIB. Todavia, nos longos períodos, uma boa vida erótica faz uma enorme diferença. A sexualidade neurótica é, muito provavelmente, a maior fonte de desastres, também econômicos, depois da guerra. Não nos ocupamos desse assunto só porque não é mensurável. São medidas apenas as funções biológicas. O evento mais temido por um psicanalista, o suicídio de um paciente, não será jamais previsível ao examinar suas análises do sangue ou seu eletroencefalograma.

Dois humanos cuja necessidade de relação psicológica é completada pelo físico são a primeira pedra sobre a qual, gradualmente, uma comunidade é construída. Mas, dado que as convivências estão transmutando-se em espaços mercantis onde só os consumidores têm cidadania (Bauman, 2004, p. 103), também a microcomunidade de base constituída por uma ligação erótica perde sua razão de ser. Se as coisas vão bem, transforma-se em uma rápida troca entre produtor e consumidor de uma mercadoria chamada eros. Se as coisas não vão nada bem, pode coincidir com o início de ansiedade ou depressão. A principal e nova psicopatologia do século XXI é o isolamento social[42], que, nos

42. Introduzido na classificação americana pelo DSM-5. Para uma definição sua em italiano, cf. Lancini (2019). Além disso, o site do Istituto Minotauro (https://minotauro.it/). Tratei o tema em *La morte del prossimo* (Zoja, 2009, p. 64-77).

países desenvolvidos, tolhe da vida ativa milhões de jovens, agravando o problema demográfico porque os retira da renovação das gerações. Por analogia com isso, podemos nomear "isolamento erótico" nosso tema. Ele não diz respeito só a uma minoria que se fecha em casa, como ocorre no isolamento social, mas às próprias maiorias – de todas as classes e idades – que compõem o mundo desenvolvido.

Nestas páginas, limitamo-nos a discutir seus aspectos já visíveis nas renúncias às atividades sexuais. Só os anos, trabalhando silenciosamente sob a cultura, no inconsciente coletivo, dirão quanto contribua à astenia erótica também o aperfeiçoamento das fecundações técnicas. Elas tornam supérfluo o ato sexual e a presença dos genitores, sobretudo do macho. O coito residiu sempre na imaginação como origem de todo novo indivíduo. Mas, desde quando a vida nasce em laboratório, o sexo perdeu essa associação elementar com a potência do vir ao mundo: tornou-se um acessório, e isso o deixou mais fraco.

## Categorização e mercantilização das identidades

Até não muitas décadas atrás, a identificação de gênero era assumida como evidente, sendo derivada da biologia. Naturalmente um problema de identificação podia existir, mas era considerado individual. Não era classificado pela psiquiatria. Não estava incorporado em um mercado de intervenções, nem alimentava discussões de especialistas sobre dúvidas de identidades. Permanecia dentro da psiquê. Robert Musil, um entre os maiores escritores da primeira metade dos anos de 1900, identificava-se parcialmente com a irmãzinha morta anos antes e jamais encontrada, mas que era sempre chamada pelos pais. Essa profunda complicação em sua identidade de gênero permanecia substancialmente interior; assim, transformou-se em uma riqueza suplementar que alimentava sua imaginação.

Na sociedade aberta, o forte crescimento de uma desorientação de gênero junto daquele exponencial de consultas, demandas, dúvidas sobre uma transição sexual estão também ligados a um excesso de "comoditização" e mercantilização do diagnóstico. A algo mais que o sujeito sinta necessidade de pedir, e não a outra coisa que tenha a sua disposição. Como se, encontrando-se em uma situação de minoria oprimida, a condição de transexualidade tivesse que se confiar a uma *affirmative action* ("ação afirmativa"). Em outras palavras, ela conquistou finalmente uma atenção do ponto de vista clínico. Mas, de uma perspectiva histórica e social, para recuperar a marginalização que lhe está reservada reclama agora um interesse difícil de obter.

## A explosão do fenômeno trans

Um enfraquecimento da identidade de gênero tradicional (macho e fêmea) comporta já um duplo sofrimento: porque torna mais complicada a aceitação no grupo (na escola, na família), mais frágil a percepção de si e a confiança em si. Seria, sem mais, injusto que esse sofrimento psíquico fosse agravado por instituições sanitárias que não o reconhecem. Mas seu reconhecimento e as eventuais intervenções estão longe de resolver o problema, em volta do qual foram criados círculos viciosos.

Na Grã-Bretanha – também nisso à vanguarda nos novos debates sobre a sexualidade –, discute-se o risco que tanto o reconhecimento da categoria "transição" quanto as estruturas de assistência médica e psicológica ativadas para sustentá-la possam levar a um crescimento excessivo de quem se sente transexual e pede uma transição. Ou de quem, no entanto, duvida da própria identidade de gênero, fantasiando que uma passagem para outro sexo possa tirá-lo ou tirá-la dessa angústia ("Britain's proposal to ban", 2021, p. 13-14; cf. tb. "An English ruling", 2020). A opinião pública preocupa-se com a sugestionabilidade deles ou delas, dado que os pedidos de transição vêm em grande parte de adolescentes.

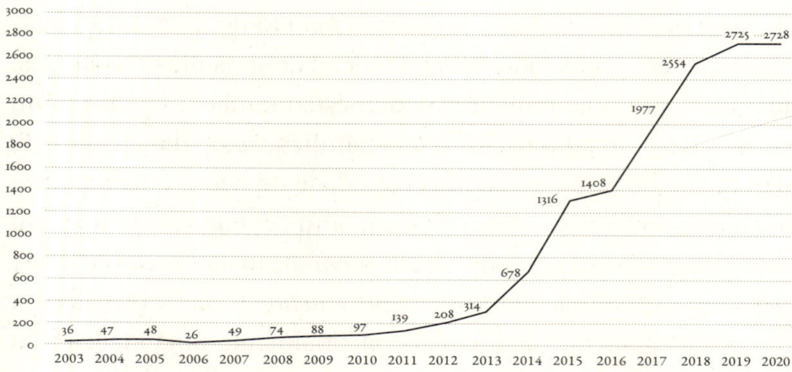


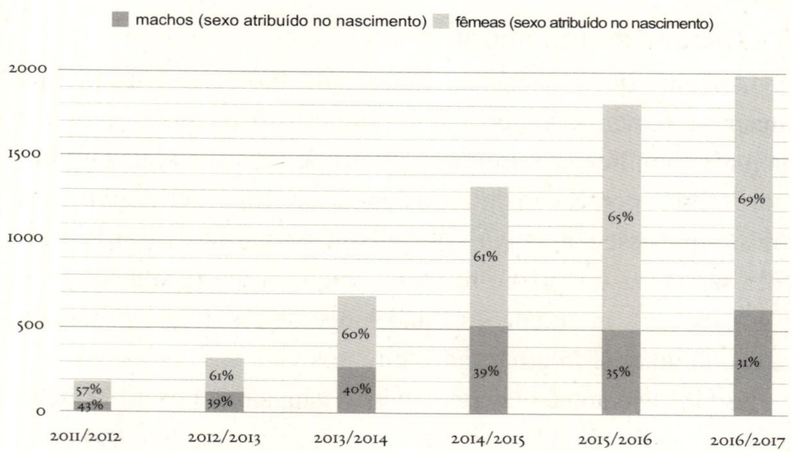


*3. Dados do Gender Identity Development Service (Gids) da clínica Tavistock. Acima, o número de crianças e jovens endereçados ao Gids entre 2003 e 2020. Embaixo, o número de crianças e adolescentes reenviados ao Gids entre abril de 2011 e abril de 2017 por gênero registrado ao nascimento.*

Segundo o CDC, já durante o ano de 2017, nas escolas de 19 estados dos Estados Unidos, 1,8% dos estudantes se consideravam transexuais ("An English ruling", 2021; cf. tb. Ghorayshi,

2022, p. 12) e ainda 1,6% assinalavam incerteza ("An English ruling", 2020). É justo que nessa condição se continue a atribuir uma classificação patológica (disforia de gênero)? Ou, a partir de sua crescente aceitação, esperamos que seja cancelada pelo DSM (a base de todos os testes de psiquiatria), como ocorreu para a homossexualidade?

Atualmente (2022), nos Estados Unidos e na Grã-Bretanha, os adolescentes que sentem um problema de transexualidade, ou os pais deles, se dirigem a instituições de saúde para uma avaliação que, como veremos, permanece insuficiente. Na Suíça, porém, não é mais necessário dirigir-se aos médicos. A partir dos 16 anos, pode-se voluntariamente modificar o próprio pertencimento ao sexo feminino ou masculino.

Assim é iniciado um conflito sobre o pertencimento insolúvel, porque os combatentes são pessoas externas que julgam uma autopercepção psicológica: O que sinto ser? É certo que o debate tende a tornar-se uma guerra ideológica, mas também que ninguém pode vencê-la porque não se pode responder de maneira definitiva, e externa, a uma pergunta interna. Infelizmente, é difícil fazê-lo para as próprias partes interessadas, que são adolescentes ou até mesmo crianças, nas quais os juízos mudam por natureza, exatamente porque se desenvolvem de modo gradual em direção às modalidades adultas. Como pode um pré-púbere saber a que corresponde o sentir-se mulher ou homem sexualmente adultos? Paradoxalmente, para responder à dúvida pode recorrer às redes sociais, em que é fácil que dialogue com pares igualmente instáveis.

Em essência, é difícil distinguir a disforia (*dysphoria*) da angústia (*distress*) de gênero, observada em um alto número de menores de idade. Segundo certas avaliações, de 62% a 98% dos disfóricos se reconciliariam com o próprio sexo de nascimento antes da idade adulta ("An English ruling", 2020): um fenômeno que tem, por sua vez, recebido o nome de "desistência".

A atribuição a um gênero, masculino ou feminino, porque alguém é um ou outro biologicamente mas não psicologicamente, em algumas fases é percebida como uma jaula da qual se quer sair. Contudo, comumente a prisão ainda mais intolerável, mas menos ciente, de que o jovem em crise de identidade quer sair, é a própria adolescência. Ela é a condição de transformação e insegurança por excelência. Não é possível que artificialmente ele fuja dos anos, "transicionando" com um impulso para a margem da idade adulta.

## Buridan e o consumismo

A dúvida sobre a própria orientação sexual é um dos motivos pelo qual, depois de um século em que se constitui sempre mais precoce, agora a idade da primeira relação tende a aumentar.

Na espera de iniciar, o adolescente toma dos pares e da internet que as opções aumentaram. Indaga-se: Sou heterossexual ou homossexual ou bissexual ou transexual ou assexual (também essa possibilidade está em crescimento)? A libertação dos vínculos não lhes oferece ajuda, é bem o contrário. A que Bauman chamou "liquidade" da condição humana vale também para as definições de gênero. Ela é adiada, ou se imagina que a identidade sexual – adulta, completa, definitiva – seja então visível em estados intermediários e fluidos. Com efeito, para a legislação de boa parte do Ocidente, isso é hoje possível. Mas comporta custos psicológicos muito altos.

A vida imersa na pós-modernidade consumista acostumou todas as novas gerações ao "paradoxo da escolha". Introduzindo essa fórmula, Schwartz tinha ironizado o fato de ter-lhe sido difícil comprar um par de jeans. Mas as calças é uma compra banal que pode ser adiada. Os dados incontestáveis sobre a queda da sexualidade nos dizem, porém, que, quando se trata de identidade e não de um objeto de consumo, a paralisia do jovem que luta para virar adulto pode tornar-se permanente.

Em certo sentido, *a mesma imobilização da sexualidade passa a constituir uma nova forma de identidade sexual*, que pode absorver todas as outras. O adiamento de um problema aparentemente relativo (heterossexualidade ou opção de minoria?) torna-se o novo problema absoluto.

As que eram escolhas de minoria (sobretudo a homossexualidade) não são mais para reprimir, mas para oferecer como direito a quem sinta que elas lhe pertencem. Infelizmente, em vez de em uma decisão convicta, podem transformar-se em um sintoma de "ruminação" (a síndrome psiquiátrica do *Grübeln*): não uma jornada, mas um naufrágio imaginário que não chega ao porto. No mito filosófico, o asno de Buridan morre de fome entre dois fardos de feno igualmente apetitosos porque não consegue decidir qual comer. Hoje podemos nos indagar se o adolescente procrastinador da sexualidade não sofra de um "efeito Buridan múltiplo". Levados pela transformação de uma pulsão – interna e pessoal – em um evento emulativo de exemplos também célebres, a necessidade física e o desejo psíquico divorciam-se. A psiquê se deixa absorver por um imaginário consumista. Isso é abstrato, quantitativo e externo. Não nasce daquilo que a psicanálise chama *Erlebnis*, "experiência direta", mas a partir de figuras do mercado de massa.

## Escolher

A "abertura" da sociedade sobre os temas de sexo e de gênero trouxe a questão para uma situação paradoxal. A liberdade demanda um difícil equilíbrio entre aquela que é negativa e a positiva: não deve ser só reconhecida legalmente, mas também utilizada e governada. Todas as novas gerações são carregadas dessa tarefa tormentosa no momento mesmo da puberdade. Mas enquanto há meio século grande parte dos adolescentes desejava deixar os pais e cuidar da própria liberdade no sentido mais completo possível, hoje o jovem adulto abastado de 25 anos, 30,

35, mora normalmente com seus pais, não só por comodidade, mas porque está angustiado pelas escolhas, cuja complexidade não tem precedentes. Em princípio, usa da liberdade sexual, mas facilmente a associa a ansiedades não muito diferentes daquelas relativas à vida independente.

A verdadeira dificuldade dos humanos reside na inconsciência. Se não estou ciente de meu problema, posso cometer graves erros. No passado, o quesito "sou heterossexual ou homossexual?" era reprimido no inconsciente. Hoje pode aflorar: reprimidas permanecem, porém, frequentemente a responsabilidade e a obrigação de decidir a qual realidade se submeter.

Assim, o adolescente adia a resposta à interrogação sobre a própria orientação sexual. A pergunta torna-se cada vez mais seu falso dilema. O verdadeiro é: Sou autônomo? Ou, mais precisamente: O que significa ser autônomo? Não existe uma "idade certa" absoluta para o início das relações sexuais; e nem mesmo para chegar à autonomia, de que há um tempo a vida sexual representava um pouco simplisticamente o emblema.

Como em todas as escolhas, o erro mais frequente é substituir as opções pelo conformismo: já que os outros fazem isso – ou não o fazem – então eu os sigo. Pode-se ficar marcado por uma iniciação sexual traumática, não espontânea, simplesmente autoimposta para fazer – sem convicção – o que outros fazem. Pode ocorrer não só com as garotas, mas também com os garotos.

Conheci casos trágicos em que um adolescente tinha que enfrentar certas aventuras sexuais só porque podia: o poder se transformava em dever porque outros o faziam, o garoto "não conseguia" e acaba por suicidar-se. Em momentos semelhantes, a psiquê e o corpo deveriam ser uma coisa só. Mas comumente não o são. Deveriam estar prontos. Mas estão despreparados.

Na sociedade tradicional ou patriarcal, considerava-se que a vergonha fosse um complemento para as virtudes femininas. Depois, na impudicícia da sociedade demasiado aberta, pensou-se que fosse um traço datado e destinado ao desaparecimento. Mas os aparelhos culturais presentes desde milênios dificilmente podem desaparecer sem representar-se em formas inconscientes, e portanto doentes. A vergonha sexual, reprimida mas não extinta, reaparece nas formas – antes pouco conhecidas, agora parapsicóticas – de pudor masculino diante da sexualidade, de embaraço sem porquê, incapacidade, impotência física mas sobretudo psíquica.

Até o século XX, mesmo as sociedades ocidentais conservavam certa aparência de rituais, em particular para aqueles de iniciação. A sexualidade feminina era o principal campo de aplicação.

Depois se pensou que isso fosse um produto do patriarcado capitalista ocidental, que negava as alegrias da vida; grande parte dos ritos foi eliminada. A família patriarcal sumiu, o capitalismo ficou, normalmente multiplicado até chegar à onipotência; o gênero masculino, lançado ao meio de tarefas cada vez mais inconsistentes, deveria confessar ter hoje necessidade, por sua vez, de uma iniciação na vida sexual.

## Ainda "transição"

Nesse pêndulo psíquico da identidade sexual, a transexualidade não parece mais somente uma opção minoritária. De maneira mais ou menos inconsciente, a mente continua a "transitar" entre várias possibilidades abertas. Nesse ponto, os observadores externos e o sujeito mesmo percebem que o dado estável vira, paradoxalmente, a transição. Isso poderia ser um dos motivos por qual sua presença percentual cresce mais que todas as outras categorias.

Na Grã-Bretanha, o National Health Service fez até então afluir todas as problemáticas desse tipo à Tavistock Clinic de Londres. Segundo suas estatísticas sobre a condição "trans", a quantidade de menores de idade examinados na primeira década do século XXI parecia estável e não chegava a 50 por ano. Depois começou a disparar: em 2020 multiplicara-se cerca de 55 vezes, alcançando 2.728 unidades. Com outras palavras, em 15 anos, aumentou por volta de 5.500%[43].

Poucas generalizações se podem fazer sobre um problema tão recente e que, não obstante o aumento violento, ainda toca uma pequena minoria. Em todo caso, essa explosão na Grã-Bretanha corresponde ao que anunciam os dados de outros países[44], como testemunha a própria Tavistock (Smith, 2019, p. 2).

Todas as fontes comprovam então a inversão da direção da transexualidade. Enquanto há não muito tempo ela dizia respeito a uma maioria (até três quartos) de masculinos que sentiam a necessidade de transicionar para o polo feminino (*Male to Female*, MTF), agora em todas as instituições que se ocupam de transexualidade chega uma evidente maioria de garotas que aspiram a ser masculinos (*Female to Male*, FTM). A necessidade se inverteu evidentemente: 15, até 10 anos atrás, MTF eram entre dois terços e três quartos do total, agora as proporções estão ao avesso.

## Remorso e destransição

Segundo os críticos, a inundação levou a uma precipitação. Os tratamentos hormonais e outras intervenções são mais bem-sucedidos quanto mais o paciente é jovem, então as instituições médicas tendem a propô-los sem adiar. Infelizmente, quanto menor é a idade, tanto mais provável é que percepções e sentimentos mudem ainda durante a adolescência. A consequência pode ser uma *de-transition* (destransição), isto é, uma demanda de retor-

---

43. https://www.gires.org.uk/tavistock-gender-identity-development-service-data/. Cf. tb. "An English ruling" (2020, p. 4); Smith (2019).

44. Por exemplo, um país longínquo mas de cultura anglo-saxã como a Nova Zelândia, em que se constatam as mesmas tendências e se levanta a hipótese que resumem *trends* internacionais. Cf., a esse propósito, o estudo publicado no *New Zeland Medical Journal* (Delahunt et al., 2018).

no ao sexo originário: o que é mais difícil quanto mais a fundo se interveio já com subministrações hormonais e sobretudo com instrumentos cirúrgicos.

A transição nasce de uma necessidade pessoal do sujeito, mas para contrastar depressões e outros inconvenientes psicopatológicos, seria necessário que o sujeito não perdesse suas conexões familiares e sociais: para além do mal-estar interior, a maioria dos jovens denuncia dificuldades com o ambiente.

Examinamos um estudo americano nesse propósito (Turban, Loo, Almazan & Keuroghlian, 2021; "New study shows discrimination", 2021; "Detransition facts and statistics", 2021). De 27.715 pessoas TGD (*transgender and gender diverse*), o artigo nota que pouco menos de 10% (2.242) fizeram pedido de destransição. Entre esses últimos, 82,5% explicaram a inversão de rota com alguma intervenção externa: da família, de um grupo, do ambiente de trabalho, dos médicos, de instituições religiosas. Em substância, a resposta desse não pequeno estudo é uma falta de resposta. Por um lado, o sujeito interessado deveria ser o juiz último de suas preferências. Por outro, a transição mesma tem um aspecto de pendularidade: oscila entre uma nova certeza e uma permanente incerteza, então demanda de maneira implícita ou explícita orientações.

Quase todos os sujeitos externos que intervieram (como pais ou igrejas) existiam já no início do processo, quando o interessado começou a transição. É improvável, por conseguinte, que os pareceres desses "externos" sejam variados. O que mudou é a relação deles com o aspirante trans. No início, eles não o influenciaram. Depois, na angústia que o período inevitavelmente longo da transição coloca em movimento, esses "sujeitos intrusos" – que, comumente, antes constituíam um incômodo – tornam-se um fator decisivo. De qualquer perspectiva que se olhe, o problema da transição nos leva novamente não tanto à sexualidade, mas a uma inédita falta de autonomia que pode atingir com particular frequência quem faz uso dos novos espaços sexuais. Seu ponto de chegada pode ser um medo da liberdade que havia sido buscada e um custo psicológico demasiadamente elevado para ser suportável por longo tempo.

Em mais de um caso de destransição, a Tavistock Clinic foi levada para os tribunais por pais ou pelo próprio paciente trans, depois "arrependido" quando maior de idade ("An English ruling", 2020). Sobre a clínica foram infligidas condenações e manchas no seu prestígio histórico.

As polêmicas sobre a insuficiente liberdade dos menores que demandam uma transição dizem respeito sobretudo aos Estados Unidos, onde assumem o disfarce de choque ideológico-religioso, ou à Tavistock, que por muitos é vista como politicamente alinhada. É provável que esses ecos públicos retroagem, influindo, por sua vez, sobre os sujeitos que já sofrem do problema; e favorecem os pedidos de destransição. O "clima" da opinião pública não é então só um ponto de chegada da incerteza, mas, por sua vez, se transforma em origem de novas oscilações. Nos Países Baixos, caracterizados por uma secular tolerância sobre temas semelhantes, um estudo sobre a transexualidade ao longo de muitas décadas (de 1972 a 2015) nota um percentual de remorsos baixíssimo: só 0,3% entre os FTM e 0,6% entre as MTF (Wiepjes, 2018).

Também esse debate, iniciado em campo médico e social, acaba por chegar àquele ético: É justo intervir quando o consenso do paciente é somente parcial, dada sua menoridade? A técnica continuará a progredir, impulsionando os médicos e as instituições a ir para além do limite precedente. O juízo moral, porém, não avança com o progresso. Deve ser reformulado do zero a cada novo caso.

## Os limites da crítica endógena

As mais conhecidas exposições das dificuldades sexuais junto às novas gerações devem ser procuradas mais uma vez nos Estados Unidos. Provêm de Turkle (2016, 2019), de Twenge (2018) ou de investigações como as de *The Atlantic* que examinamos. Trata-se sobretudo de boas narrações, que contêm casos emblemáticos, mas comumente estendem arbitrariamente seus modelos a representantes-padrão.

Uma das garotas descritas por Twenge (2018, p. 132s.) tem um nome médio-oriental. Exatamente nos Estados Unidos foram desenvolvidas pesquisas que reconstroem a permanência intergeracional dos traumas; reconhecem até mesmo as derivadas da escravidão nos afro-americanos. Mas, conquanto o Médio Oriente seja desde quase um século zona de conflito, nem para a moça em questão nem para os outros casos é reportada uma anamnese que saia do episódio do qual a pesquisadora está falando. Justamente esses estudos indagam sobre como a tecnologia (de novo, sobretudo o *smartphone*) influa sobre os garotos: mas às novas técnicas cada um reage seja com elementos pessoais, seja com os culturais. As dificuldades dos adolescentes de hoje não são aqui relacionadas às das gerações e dos costumes precedentes, saltam para o palco já confeccionadas, como Atena que sai da cabeça de Zeus com armas e couraça.

A sexualidade, o mais antigamente ligado à cultura entre os fenômenos humanos, é descontextualizada e desistoricizada nessas pesquisas que se entrelaçam e citam umas às outras, para adaptá-la à *middle class* americana das primeiras décadas do século XXI. Segundo Kitchner (2018) e Julian (2018), aos motivos pelos quais os adolescentes se dessexualizam se deve adicionar o fato de que, desde os anos de 1990, nas escolas americanas, o banho que se toma depois da aula de educação física não é mais comunitário. Isso teria desabituado os adolescentes do contato com o corpo dos pares, completamente nu. Mas uma argumentação semelhante contrasta com o que vimos: a diminuição da atividade sexual envolve de maneira extraordinariamente uniforme todos os países desenvolvidos. Somar transformações de todo o Ocidente com outras locais (como esta que concerne somente aos Estados Unidos) contradiz a intenção de analisar uma dinâmica global.

Twenge e Turkle oferecem uma visão da geração que entra na sociedade adulta pela perspectiva – temporal, geográfica, cultural – de quem já lá reside. Não se coloca em discussão o fato de que esse olhar seja unidirecional, mas o outro que é disso o objeto. É uma perspectiva semelhante ao eurocentrismo, a deformação de que sofreram até mesmo os grandes antropólogos e exploradores: os quais levaram para os museus ocidentais tantos objetos interessantes, mas também enrijeceram os preconceitos de superioridade ligados à época deles. A dificuldade das autoras em assumir perspectivas diferentes e analisar na raiz os problemas da "nova sexualidade" reside no ponto de vista delas, que é crítico, mas interno ao paradigma cultural do mercado de massa americano. Dada essa premissa, o vício em *smartphone* entre os jovens é às vezes encarado com uma tautologia: aconselha-se simplesmente aos pais controlarem o uso que os jovens fazem dele e de impor neles mais limites (Twenge, 2018).

## Pós-patriarcado e neomachismo

Os encontros de casal foram revolucionados tecnicamente pela internet. Ao mesmo tempo, o *smartphone* influenciou a mente dos adolescentes e está em relação com o crescimento das depressões (Twenge, 2018, cap. 4). Fica, porém, para ser explicado o porquê de elas serem muito maiores entre as adolescentes femininas em comparação aos masculinos (Twenge, 2018, p. 146, diagrama 4.6 e p. 154, diagrama 4.10): aparentemente, a condição feminina é há muito equalizada à masculina, sobretudo nos Estados Unidos e no Reino Unido. Mas tudo isso tem uma história própria.

O direito feminino ao voto começou a ser reivindicado nos países anglo-saxões já no Oitocentos, para difundir-se no Ocidente na primeira metade do século seguinte. Depois da Segunda Guerra Mundial, com *O segundo sexo* (1949), Simone de Beauvoir coloca um robusto manifesto à disposição do feminismo, que cresce paralelo aos movimentos dos anos de 1960, 1970 e 1980. Na conclusão do século XX, o Ocidente – e a globalização a reboque dele – podem já definir-se pós-patriarcais.

A *Weltanschauung* não corresponde mais àquela da família com um pai no vértice. Não só porque em seu interior não tem mais uma autoridade absoluta, mas em boa parte porque o olhar sobre o mundo com seus valores corresponde então irreversivelmente a uma perspectiva individual, não mais a uma coletiva baseando-se nos valores familiares. O individualismo suplantou os sistemas complexos, o indivíduo é só, geralmente angustiado, mas não restituirá mais a uma coletividade o poder que a nova economia e a pós-política lhe conferem.

Junto à passagem do coletivo ao indivíduo, ocorre também uma outra, que concerne mais diretamente às polaridades macho-fêmea. Esperava-se a afirmação de uma cultura feminina ou matriarcal como resultado do colapso paterno e de um novo papel da mulher conquistado por meio de batalhas feministas. Isso devia finalmente corrigir os excessos do patriarcado. Contudo, o deslocamento de perspectiva ocorre dentro da cultura masculina. Os valores e os interesses do pai são suplantados por aqueles do macho competitivo, que o precederam no mundo animal, portanto na escala da evolução.

Não é aqui a sede para discussão de um problema como esse, que abordei em diversos trabalhos[45]. Uma vez que o objeto da mudança é a população mundial, é inevitável que seus motivos não tenham sido analisados sistematicamente. Podemos só acenar para três elementos de psicologia coletiva, que se reforçam

45. Em *Il gesto di Ettore* (Zoja, 2016b) e *Centauri: Alle radici della violenza maschile* (Zoja, 2016a). Indico as segundas edições porque, em particular nos prefácios e nas conclusões, resumo os aspectos desse deslocamento do centro de gravidade concentrado nos decênios da passagem do século XX para o XXI.

entre eles em círculo vicioso. O primeiro é demográfico[46]. É notório como a fertilidade das mulheres está estreitamente ligada à submissão delas. Nos países mais machistas e mais pobres, as mulheres têm muitos filhos: com a alta fertilidade, agem elas mesmas como multiplicadoras de uma inferioridade de caráter e de cultura. Ao contrário, as mulheres emancipadas têm uma taxa de fertilidade não só inferior no nível de substituição, mas com frequência próximo a zero: nas famílias delas é, por assim dizer, programada a extinção. O segundo fator é a mudança pós-política global em direção aos populismos, para não dizer em direção à extrema direita. Países como os escandinavos, do sul da Europa ou da América Latina, cultivaram por gerações movimentos progressistas, que entre as outras coisas favoreceram os direitos das mulheres. As classes delas mais pobres eram tendencialmente socialistas, mas agora temem sobretudo a concorrência dos países em desenvolvimento e dos imigrantes: assim, vastos grupos sociais muitas vezes passaram diretamente da extrema esquerda à direita radical e racista, em cujos programas os direitos das mulheres estão ausentes quase tanto quanto os das minorias. Para o terceiro motivo de regressão em direção a uma cultura machista já acenamos: o advento da internet e das redes sociais, as quais em parte favorecem adicionalmente o individualismo, interpondo-se aos contatos pessoais, aos cortejos que acompanhavam a sexualidade tradicional e arrastando consigo uma invasão de pornografia, orientada a um público masculino e humilhadora da mulher.

## Do machismo ao machocentrismo cultural

No século XXI, dá as caras então um mundo sob diversos aspectos mais machista que antes. No imaginário do homem – no inconsciente coletivo daquela parte da humanidade que produz

46. Cf. o meu "The submissiveness trap" (Zoja, 2015b, p. 187s.).

a grande parte das mídias de massa, dos modelos mentais em circulação, portanto –, a mulher continua a ser em boa parte submissa. É importante não esquecer que estamos falando de uma polarização na psiquê em geral, não só naquela masculina em particular. Já que o deslocamento rumo ao individualismo envolve a cultura inteira e em primeiro lugar a economia, é sublinhado como também as mulheres – especialmente a figura chamada em português "mulher de carreira" – por sua vez sejam comumente guerreiros modernos, então foram masculinizados. Como notávamos na "Primeira parte", também esta poderia ser uma evolução paradoxal do feminismo. Sinais semelhantes correspondem a uma regressão coletiva rumo ao espírito do macho combatente, que se manifesta sobretudo nas batalhas econômicas. A inspiração, depois de um século de feminismo, não será mais patriarcal, porém continua evidentemente masculina.

Nos papéis trabalhistas e públicos, a subordinação feminina é menos visível que antes. Mas, como já assinalamos, é provável que nos comportamentos sexuais a expectativa masculina de uma submissão sua tenha até mesmo aumentado. O papel dos machos seguramente foi modificado. A família patriarcal é, sem dúvida, superada. Todavia, em qualquer continente, a cultura conserva a masculinidade como sua base inconsciente.

Os reflexos seculares são menos flexíveis do que as intenções conscientes e as teorias "corretas" gostariam. Essa pouca flexibilidade é particularmente evidente nas relações de gênero. Quem *coletivamente* tinha o poder agora continua a mantê-lo, sob novas formas: constatamos isso quando, em poucas gerações, no lugar do colonialismo veio um neocolonialismo, sempre exercitado pelas classes dominantes ocidentais, ladeadas e copiadas pelas elites locais. As superestruturas institucionais mudaram, não as subestruturas, o fundamento cultural do inconsciente coletivo, com seus automatismos irreflexos que atribuem uma posição mais alta ao macho branco.

## O masculino como valor no inconsciente coletivo

Pelo que discutimos, podemos intuir um outro "indicador do mundo". Nas transições de sexo, as demandas são individuais, mas como poucas outras coisas nos podem informar sobre as preferências da sociedade.

O século XXI mostra-se como uma nova era da insegurança. Aumentam as dúvidas sobre tudo o que conta: Sobreviverá à mudança climática o país em que vivo? De maneira análoga, crescem também as incertezas que concernem à própria identidade de gênero. Uma nova pergunta individual pode ser expressada só muito aproximativamente com as usuais palavras: Sou homem ou mulher? Não diz respeito tanto ao sexo (biológico e fixado pelo nascimento) quanto ao gênero, a construção cultural e social. Mas, desde o momento em que se multiplicam os que a formulam, ela traz consigo uma segunda interrogação, concernente a toda a sociedade. É possível que, na última geração de um século XX em que se criticou o machismo, muitos fugissem da identidade masculina para a feminina? Ao contrário, visto que no novo século são muito mais numerosas as demandas de transição para cancelar em si a mulher e se tornar um homem, podemos pensar que o inconsciente coletivo tenha revertido a orientação e entrado em uma fase em que o macho é de novo o valor dominante?

Certas diferenças de comportamento entre os sexos variam pouco, não obstante o passar do tempo: as taxas de suicídio masculinas são sempre mais altas que as femininas. As transições, como vimos, variam, porém, rapidamente de direção. As garotas se matam menos que os garotos, mas, em quantidade crescente hoje suprimem a mulher dentro de si, solicitando a mudança de sexo.

Os estudos comparativos da transição nos fornecem menos respostas do que os gerais sobre a sexualidade, que examinamos na "Segunda parte". De fato, são quase sempre limitados em tempos ainda bem recentes, em uma minoria, porquanto em crescimento, e em um estado de passagem, difícil de "fotografar" com um clique, transformando-o em um momento "parado". Todavia, dizem-nos algo de significativo. Algo que não só diz respeito à transição de sexo, mas descreve uma transição em sentido mais geral.

## A prevalência de transições para o masculino

Uma fonte oficial como a Biblioteca Nacional de Medicina dos Estados Unidos elenca, em 2020, diversos indicadores que vão na direção do que foi visto até agora: as demandas de transição estão em franco aumento, a idade em que o problema se manifesta está em contínua descida, os pedidos de mudança de sexo feminino para o masculino, que antes eram minoria, crescem mais rapidamente do que para o feminino[47].

Com a longa e vasta experiência da Tavistock, a Grã-Bretanha acumulou dados, mas também polêmicas. Publicações lidas pela classe média informada como *The Economist* ou *Prospect* expressaram muitas críticas para com os procedimentos afirmativos e as possibilidades que o sexo seja completamente autodeterminado ("Britain's proposal to ban", 2021, p. 13, 28; Hartley, 2020; *The Economist*, 2021, p. 37).

Como notávamos, a transição de sexo causa conflitos ideológicos muito duros[48] e é descrita como um problema que está fugindo do controle. À Tavistock, que agrupa todos os casos do país, os pedidos aumentaram 30 vezes em dez anos. Além disso, na segunda década dos anos de 2000, a transição para o masculino evidentemente se impôs, chegando a 70% em 2017 (Hartley, 2020)[49].

---

47. Cf. a publicação da *Transgender Health* (Leinung & Joseph, 2020), que relata duas décadas de estudos no estado de Nova Iorque.

48. Cf. o ensaio agressivo de Shrier (2021).

49. Dez anos antes, pelo contrário, 75% dos casos tratados em Tavistock eram de homens que aspiravam se tornar mulheres.

Violentas foram as críticas a essa abertura feitas pela mais conhecida feminista de língua alemã. Alice Schwarzer vê na onda em direção ao masculino um protesto inconsciente feminino contra os estereótipos de gênero (Schwarzer, 2022c; cf. tb. Schwarzer, 2022b). Segundo sua reconstrução, não a transexualidade em si, mas seu lugar no imaginário juvenil deriva por muitos aspectos de uma pressão midiática e digital. Nos anos de 1960, muitos a reduziam a subproduto da homossexualidade masculina. Os casos eram muito poucos, substancialmente constituídos por homens que queriam se tornar mulheres: as mulheres que queriam se tornar homens eram só 1/14 desses. Hoje, ao contrário, pela observação de Schwarzer, os FTM são dez vezes mais numerosos que as MTF. Segundo esse cálculo sobre tempos longos (duas gerações da passagem de dois séculos), a reversão teria comportado uma multiplicação por 140 da deriva em direção ao masculino: se é assim, a proporção de garotas que querem se tornar homens teria crescido 14.000%, em comparação a seu contrário. Tratando-se de grupos já não pequenos, e espalhados em todo o Ocidente, tem sentido perguntar-se o que o fenômeno diz sobre os valores da sociedade.

Segundo Schwarzer, uma minoria – pequena como a de antes – sofre de disforia desde a origem, presumivelmente desde o nascimento. A grandíssima maioria dos novos casos, porém, intervém durante o crescimento, como resultado de influências externas. Por meio das redes sociais e da onipresença de *influencers*, cria-se sobre as garotas uma fortíssima pressão para a adequação a modelos impossíveis. É proposta deles não só uma magreza que não se pode em prática obter, mas também um uso do tempo fora da realidade: se seguisse essa modelística, a adolescente empregaria horas todos os dias só para cuidar das unhas e dos cílios.

Já que ser “trans” não só não é mais proibido mas é intrigante (*cool*), a escapatória se torna declarar que se sente macho mais que fêmea. Desse ponto de vista, as leis que se apresentam como progressistas – e facilitam a redefinição de sexo sem mais obrigar a certificações médicas – podem por sua vez ser vistas como uma subsidência ao consumismo[50]. Tanto os legisladores quanto as instituições médicas são tentados a render-se a uma pressão da base, que se automultiplica como avalanche, delegando o problema a uma convicção pessoal. Que confusão se criará se muitos desses sujeitos, ao se tornarem maiores de idade, arrependerem-se, solicitando uma destransição?

As manifestações tradicionalmente chamadas "histerias de massa" não se encaixam nas categorias psiquiátricas oficiais do DSM. Porém sempre foram percebidas em certas épocas (Wessely, 1987)[51], e devem ser abordadas em debates multidisciplinares. Essa onda em direção à transexualidade poderia construir uma forma moderna sua: como as antigas, atinge os sujeitos que são mais frágeis culturalmente, psicologicamente e devido à idade.

Em teoria, a queda de muitos estereótipos sexuais e da autoridade dos pais deveria ter diminuído o impulso midiático para as velhas aparências de feminilidade extrema. Em prática, triunfam as telas e se afirma um neoconformismo horizontal entre pares, que lança os adolescentes exatamente para um "aparecer". Sob esse influxo, o sentir-se inadequado (sobretudo: inadequada) causa uma insegurança sem precedentes e aumenta a possibilidade de expressões que, na classificação

---

50. Em 1º de abril de 2022, em uma longa entrevista na televisão suíço-alemã, Schwarzer atacou duramente a nova lei daquele país que também permite que menores de idade alterem sua definição de sexo com uma simples comunicação voluntária ao cartório (https://www.srf.ch/play/tv/gredig-direkt/video/mit-alice-schwarzer?urn=urn:srf:video:c5cdc748-6f46-4eba-9114-04c6a51c6d7e).

51. Publicado *online* em 9 de junho de 2019 pela Cambridge University Press (doi: 10.1017/s0033291700013027).

clínica, são hoje chamadas histriônicas e derivariam de uma necessidade inconsciente de atenção[52].

## O masculino como valor na Ásia

Paramos nesse fenômeno porque, além de se tornar sempre mais visível, pode constituir um importante indicador do inconsciente coletivo: corrente subterrânea à cultura do Ocidente, que classifica os problemas ligados ao sexo e ao gênero. Mas os países que não possuem as mesmas classificações, dão-nos sinais de uma preferência para o masculino ainda superior. Desde quando existe a ecografia pré-natal, as classes médias em forte crescimento de China e Índia recorrem a isso: e, em um grande número de casos, abortam o feto feminino, para tentar com outras gravidezes até que tenham um macho. Nas jovens gerações, a superpopulação masculina eleva-se assim a dezenas de milhões: um resultado que fará esses garotos sofrerem sem uma companheira (a homossexualidade é ainda pouco aceita nos dois países), revelando como "o amor" dos pais normalmente não está direcionado ao filho, mas constitui em vez disso um mascaramento dos objetivos sociais deles, entre os quais ter um filho macho continuar importante quanto se tornou o possuir um carro.

## Língua de uso e machismo

Um artigo inglês já citado (Hartley, 2020) traz à luz como uma forte preferência pelo masculino na sociedade fosse visível em Polônia nos anos de 1980. Naquele decênio se supôs que fosse uma consequência dos valores impostos pelo comunismo. Porém, uma geração mais tarde, o primado do masculino mudou. Pensou-se assim que a estrutura linguística pode condicionar as preferências coletivas. As línguas eslavas impõem uma forte

52. Na classificação do DSM-5, 301.50.

conotação de gênero: e, com efeito, as sociedades correspondentes são bastante machistas (Hartley, 2020). Em vastas análises comparadas de como as diferentes línguas tratam a qualificação de gênero, notou-se que nos países em que a língua distingue muito entre masculino e feminino é também mais forte a diferença de remuneração econômica entre homens e mulheres (cf. DeFranza, Mishra & Mishra, 2019). Todavia, essas publicações são, por sua vez, linguisticamente selecionadas: na prática, são todas em inglês, portanto poderiam ser afetadas pelo anglocentrismo. Se olhamos para o mundo, a dúvida maior vem da China: um país em que a discriminação entre os sexos é máxima, mas cuja língua (o mandarim) não distingue entre masculino e feminino.

## O racismo inconsciente das maiorias

O mundo globalizado, chamado também pós-moderno, cria elos entre todo tipo de pessoas e favorece *o direito* à inclusão sempre maior de quem é diferente. Infelizmente, se os princípios e as leis evoluem nessa direção, as grandes massas da população enfrentam, quase de imediato, problemas psicológicos a que não estavam preparadas. A isso reagem com fechamento e desconfiança.

Na Itália, durante o século XX, os meios de comunicação se comprazem normalmente em declarar que "os italianos não são racistas". Não eram até que mínimo foi o percentual dos imigrantes de países pobres. Quando cresceu, aproximando-se a 10% como nas outras nações europeias, explodiram os preconceitos. Diversos partidos populistas, nacionalistas e quase racistas têm obtido consensos. Essa rejeição da imigração concerniu sobretudo aos estrangeiros visivelmente diferentes, como os africanos ou quem tem a pele muito escura. Era, no geral, previsível porque, como não existam raças diferentes no sentido de inferiores, assim não existem povos superiores ao racismo, o mais comum e inato dos erros humanos.

## A rejeição da diversidade e a pseudoespeciação

O racismo deriva de uma percepção errada dita pseudoespeciação: fenômeno notório e previsível, estudado pela psicanálise e pela zoologia humana. Nós humanos somos uma espécie animal e, como todas as outras, temos instintos. Também aquele "de grupo", que nos faz reconhecer o que pertence a nossa espécie e formar elos com ele, enquanto contemporaneamente nos leva a desconfiar, a rejeitar ou em casos extremos a matar sem bastantes remorsos o que pertence a uma outra espécie. De resto, somos parcialmente carnívoros, caçadores e pescadores. Matar animais é admitido em grande parte das religiões, e a propósito nos três monoteísmos.

Mas o instinto humano de grupo é enganado pela complexidade de todas as culturas surgidas depois daquela dos caçadores-coletores. Enquanto um cachorro pode latir ao longe para um par, mas depois o cheira e lhe abana o rabo, entre os humanos as comunicações acontecem sobre tantos planos diferentes, e não só mais confiadas somente nos sentidos. Assim, podem induzir a não reconhecer que o próximo pertence à espécie humana. Encontrando nossos semelhantes, confiamo-nos em noções aprendidas com a cultura, mais que no instinto, fazendo-as passar por meio de dois sentidos só: a vista e, sobretudo, a audição. Conhecendo novas pessoas, passa-se à palavra. Mas se a língua deles é incompreensível? Se têm as vestes, e até mesmo a pele, completamente diferentes das nossas? Pode desencadear uma instintiva reação de defesa, similar àquela do cão que, aproximando-se a uma sombra, descobre que não é um outro cachorro, mas um gato, e o recebe rosnando. Somos animais cujo instinto é assim recoberto por alterações culturais por ser pouco governável. Como resultado, nosso resíduo de instintos deformes se expressa de maneira inconsciente, incontrolada, normalmente por meio da agressividade.

A evolução humana chegou só até o nômade caçador-coletor, ou mesmo até quando nossos ancestrais viviam em pequenos grupos. O que veio depois são os poucos milhares de anos através de que fluiu a história: o homem se modificou por meio da cultura, mas seu corpo com os relativos instintos é o do neolítico e da passagem da caça à agricultura. Sem ulteriores adaptações evolutivas, com as últimas gerações, os humanos se encontram a viver, em maioria, nas cidades, onde encontram sobretudo desconhecidos.

De tudo isso, deriva cotidianamente um estresse. Uma desconfiança que os humanos devem controlar, mas que pode empurrá-los, sem o conhecimento deles, para extremismos políticos (agressividade coletiva) ou outros comportamentos antissociais (agressividade individual). A convicção de que o diferente não é humano é visceral, inconsciente e não racional: nasce de um instinto deformado, não de um conhecimento dos fatos. Foi chamada pseudoespeciação (cf. Erikson, 1994, cap. 1 e 8)[53], isto é, (falso) processo de conhecimento com o qual a pessoa simples e pouco informada sobre as diversidades – que pode corresponder à minoria dos cidadãos, também nos países ricos – percebe o diferente como pertencente a uma outra (= pseudo, falsa) espécie. Portanto perde a inibição instintiva de agredi-lo, porque não o sente como humano. Como ocorre com os animais, pode-se até mesmo matá-lo sem sentir remorso. Em momentos particulares da história, em comunidades pouco instruídas e psicologicamente frágeis, o grupo investe contra um ou mais desses *diferentes*, repetindo de maneira inconsciente o arcaico sacrifício do bode expiatório. Uma purificação ritual presente ainda no século XX no *pogrom* e no linchamento.

---

53. Desenvolvi esse tema em *Paranoia. La follia che fa la storia* (Zoja, 2011, cap. 8).

## Uma pseudogenderização

Recordamos quanto a rejeição da diversidade pode ser comum. Era necessário declarar isso para lançar um olhar sintético sobre o eros nos anos de 2000. A concepção dualística da sexualidade, inatacável desde Adão e Eva até o século XX, no XXI rachou-se como o mundo de Ptolomeu com a chegada daquele de Copérnico. As "minorias sexuais" continuam minorias, mas com a própria presença delas deixam obsoleto o que é chamado esquema de referência binária. Como mostram também reconstruções históricas e antropológicas, a alternativa seca masculino-feminino é o resultado de uma construção cultural. Sem essa, os indivíduos reais situam-se sobre os infinitos pontos da linha que une essas duas polaridades. Cada um ocupa uma posição relativa: cada mulher é um pouco mais feminina que a vizinha, mas um pouco mais masculina que uma outra; e o mesmo vale para todos os homens. A caracterização macho-fêmea não pode ser absoluta. Hoje, porém, é também fluida ou, na terminologia de Bauman, líquida.

Essa variabilidade real não é suficientemente percebida por um cidadão normal. "O homem comum" ocidental sabia que existiam os povos negros. Isso não perturbava seus esquemas mentais desde que as visse nos livros e nos filmes. Mas recordamos há pouco que teve problemas quando, com as imigrações, se tornaram próximas em sentido físico e moral[54]. Mudar o paradigma por meio do que conhecemos dos outros humanos representa uma reviravolta que demanda não pouco tempo. E uma reeducação por meio dos três estágios de ensinamento que nos tornam o que somos quando adultos: a família, a escola e a política. Em parte, esses três instrutores colaboram, mas não em medida suficiente, e certamente não em todos os países.

54. Tratei disso em *La morte del prossimo* (Zoja, 2009).

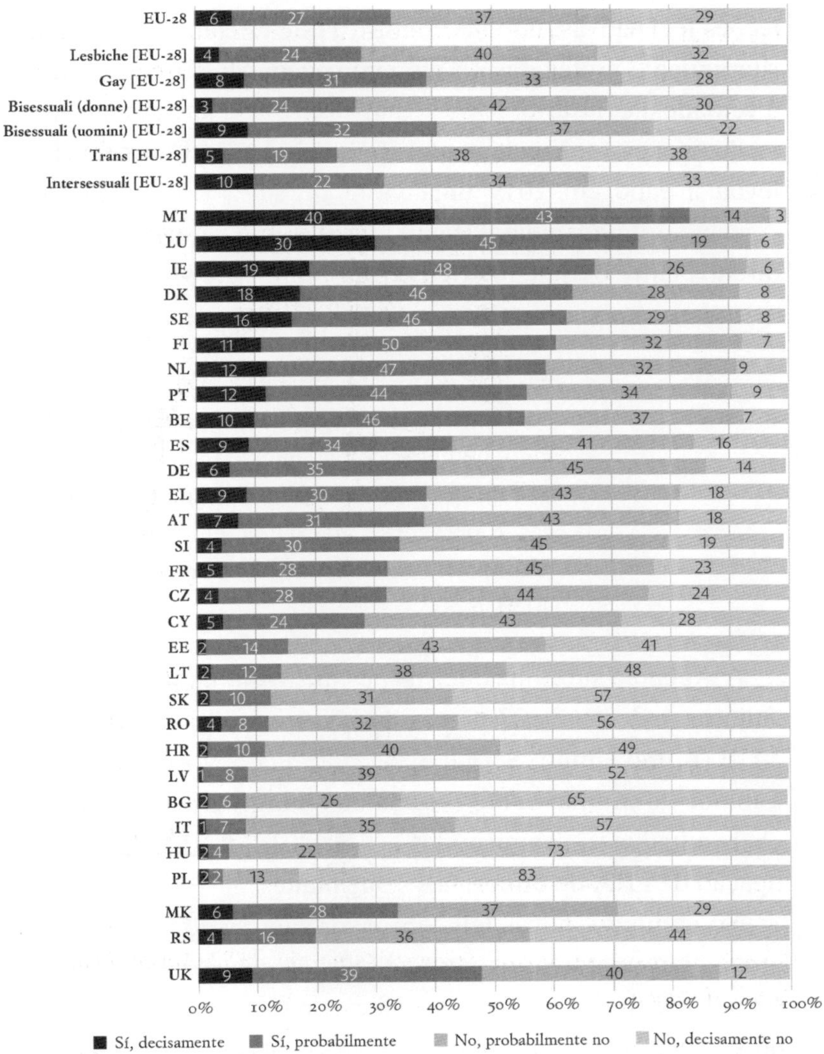


*4. Respostas dos LGBTI entrevistados à pergunta: "Você considera que o governo do país em que você vive combate eficazmente o preconceito e a intolerância para com as pessoas LGBTI?" Fonte: FRA, EU-LGBTI II (2019).*

Portanto, se as "minorias sexuais" recebem sempre mais proteções legislativas, isso não significa que estejam, de fato, majoritariamente protegidas da discriminação. Mais frequentemente é verdade o contrário.

A Agency for Fundamental Rights da União Europeia (FRA) levou a cabo em 2019 uma vasta pesquisa (European Union Agency for Fundamental Rights, 2020) sobre o estado efetivo dos direitos entre os sujeitos LGBTI: *lesbian*, *gay*, *bissexual*, *transsexual*, *intersex*, esses últimos como sujeitos que

> nascem com características que não pertencem estritamente às categorias de masculino ou feminino, ou pertencem a ambos. Essas características podem ser cromossômicas, hormonais, anatômicas e podem se apresentar em diferentes graus (European Union Agency for Fundamental Rights, 2020, p. 8).

A Agência sublinha que sua pesquisa, efetuada com 140 mil sujeitos, nos atuais 27 países da UE e em 3 não pertencentes à UE (Reino Unido, Sérvia e Macedônia do Norte), é de longe a maior do mundo sobre o tema das marginalizações sexuais. Os resultados são comparados aos de 2013, fruto de uma investigação da FRA de dimensões semelhantes.

No conjunto, novas leis têm favorecido as identidades marginais. No relatório, os pertencentes às categorias de minoria sexual exprimem alguma satisfação para o melhoramento. É de se notar que os últimos países nessa aprovação são Polônia, Hungria e Itália: enquanto os primeiros dois têm governos populistas normalmente criticados pela UE por violações de direitos, a Itália pertence à mais próspera Europa ocidental e no seu comando estão partidos progressistas (European Union Agency for Fundamental Rights, 2020, p. 14).

Segundo o relatório, os LGBTI mais jovens quando estão na escola declaram a própria identidade com maior abertura e encontram mais que antes quem intervenha ativamente em defesa deles. Mas os melhoramentos acabam praticamente aí. A grande parte dos indicadores mostra uma piora nos preconceitos, tanto em público quanto nas situações de trabalho.

Em particular, parecem crescer rejeição e agressividade física no trato com transexuais e intersexuais. Esse dado europeu é, em essência, correspondente ao que sabemos dos Estados Unidos, onde, na falta de estatísticas oficiais, se calcula que a condição de transexual aumente, em um intenso multiplicador, o risco de a pessoa ser assassinada (Steinmetz, 2015).

## A perspectiva psicológica e realista

As leis que punem os comportamentos agressivos, violentos, discriminatórios representam uma indispensável aplicação das Constituições dos diversos países e dos direitos humanos em geral. Mas não abolem a estupidez ou a insegurança que geram esses comportamentos.

No Ocidente, um reconhecimento da homossexualidade está em curso por meio século e trouxe a uma parcial integração sua. O aumento exponencial de transexualidade foi, por sua vez, muito recente e rápido. Menos ainda sabemos da intersexualidade, conceito usado na classificação da UE, mas pouco em outros lugares. Sabe-se que também ela está em rápido crescimento, todavia não exponencial (Rich et al., 2016, p. 163-171). Derivaria de processos não ainda suficientemente estudados, em particular do contato com elementos químicos não existentes na natureza. Diferentemente da aceitação da homossexualidade – normalmente só superficial –, transexualidade e intersexualidade estão bem longe de ter um lugar definido no imaginário coletivo. No homem comum, podem suscitar desconcerto, que se transforma em rejeição. O que, por sua vez, é dificilmente racionalizável.

É árduo expressá-lo de maneira convincente: com efeito, concerne a pessoas que não têm visível potencial agressivo, na verdade muitas vezes são indefesas. Por que podem dar medo? Ninguém sabe responder, mas muitíssimos se sentem ameaçados pelo simples fato de existirem.

Mais ainda do que sob forma de medo, a rejeição se manifesta normalmente como nojo: uma forte necessidade de distanciamento que é a face oposta e escondida da atração erótica. Como recordamos, as pulsões inevitáveis e as dinâmicas arquetípicas da mente não podem desaparecer completamente, só ser retomadas pelas circunstâncias ou lentamente transformadas. O homem comum tem necessidade de ser, em todos os sentidos, confirmado em sua normalidade. Se o problema manifestado por uma minoria sexual não lhe interessa e não lhe diz respeito, poderia simplesmente deixar de lado: eu cuido da minha vida e eles, da deles. Em parte, a tolerância com a homossexualidade foi assim alcançada.

Mas todas as categorias intermediárias e novas colocam em discussão os pontos de referência há pouco adquiridos. A "sociedade demasiado aberta" nos faz sentir confusão. Como recordamos, usufrui-se da liberdade e, ao mesmo tempo, tem-se medo dela. Entre os livros mais conhecidos do já citado Erich Fromm não nos esqueçamos de *O medo da liberdade* (Fromm, 2022), em que o autor explicava com clareza as origens dos fascismos. Hoje, a visão desestabilizadora de sexualidades não especificadas empurra o homem médio a fugir das liberdades de uma sociedade demasiado aberta e inclusiva.

O surgimento de situações intermediárias, em que a diversidade é só parcial, deveria, em teoria, facilitar uma maior compreensão da completa (e binária: branco ou negro). Na prática, não é assim. A América Latina, à diferença da África do Sul ou do sul dos Estados Unidos, foi construída com a mestiçagem. Isso não evitou, com efeito, o racismo. A pessoa que não é completamente negra, mas intermediária, desperta, no homem branco de classe não elevada, uma semiconsciente percepção de que o indígena ou o africano não são assim tão distantes dele. Isso lhe faz temer a "perda da pele branca", a única riqueza que herdou e pensava ser intocável.

Podemos notar que, exatamente como foi racista, a grande parte das sociedades foi também machista. Em seu interno, a massa menos sensível dos machos podia ser turbada pelo fato que as mulheres são diferentes dos homens, ter medo disso e às vezes expressar essa desconfiança sob forma de agressividade. Com efeito, isso sucede comumente nos casos de maus-tratos ou de feminicídio. Porém, a aparência de uma pessoa intermediária, menos diferente do macho padrão em comparação à mulher – como os transexuais ou certos homossexuais –, na maioria dos casos não facilita a tolerância, ao contrário: provoca a rejeição, consequência de fraturas nos esquemas cognitivos que o sujeito entendia como adquiridos para sempre.

## O respeito é uma instituição cultural

Muitos leitores terão intuído para onde se dirige nosso discurso. Não bastam algumas normas que tornem livres os cidadãos. Os poderes públicos distribuem por meio de leis os *direitos* fundamentais: de expressão, de escolha onde viver e assim por diante. Não podem, porém, doar por lei o *respeito*. Isso corresponde a um exercício da liberdade positiva que pertence ao costume e a seus sinuosos níveis de civilização. Isso diz respeito diretamente ao tema das "diferenças sexuais".

## O respeito socioeconômico

Richard Sennett (2018), um dos maiores sociólogos contemporâneos, sublinhou a queda do respeito na sociedade pós-moderna. Em uma família tradicional, as crianças eram educadas a respeitar qualquer um já antes de ir à escola. Em tempos recentes, lançando fora os excessivos formalismos, geralmente não é eliminado só o supérfluo, mas também essa expressão civil, que tinha um sentido em si: a postura que podemos precisamente resumir na palavra "respeito" (do latim *respectare*, "olhar para trás", não proceder egoisticamente a interessar-se só daquele que se tem à frente). Essa dose de consideração – por exemplo, uma gradualidade marcada por alguns ritos ao conhecer alguém – era devida a todos. Na sociedade hiperconsumista e orientada ao dinheiro, o respeito tende a ser reservado só aos ricos e aos potentes.

A crítica de Sennett é inatacável, mas lhe falta uma outra distinção. Até tempos recentes, a sociedade ocidental educava também a um certo respeito da identidade feminina. Transmitia tradicionalmente uma forma de projeção para as mulheres, as quais são até mesmo maioria estatística em todos os países, mas são estudadas como "minoria", já que ocupam posições mais baixas que os homens do ponto de vista socioeconômico. Naturalmente não nos estamos referindo aos aspectos mais formalísticos: que sentido tem servir a comida às mulheres por primeiro, se elas a cozinharam enquanto os homens assistiam à televisão? Os ritos são tais quando não constituem apenas coberturas superficiais, mas quando nascem de um sentimento milenar, que permanece vivo mesmo quando são descartados os revestimentos mais frívolos.

Por condicionamento cultural, o homem atribuía à mulher (= projetava sobre ela) as próprias fraquezas, que tinha medo de reconhecer, e, em boa parte, também os próprios sentimentos, frequentemente negados e todavia existentes. O ritual que na tradição devia ser reservado à feminilidade tinha então origens simbólicas e psicológicas. Servir a comida à mulher primeiro, ou protegê-la em condições de perigo, queria ao mesmo tempo dizer: qualidades como o sentimento ou a empatia devem ser preservadas com ritos e até mesmo tabus, senão o humano, estereotipado por uma dominância masculina e "musculosa", poderia se reduzir à fúria insensata de Aquiles.

Quando dizemos que o homem projeta – ingenuamente – sobre a mulher uma sensibilidade própria dele, usamos uma ideia da psicanálise. E a vulgarização dos conceitos psicanalíticos leva a riscos. Na linguagem comum, "projetar" acaba por ter um significado negativo: atribuo um sentimento a outros porque eu sou inconsciente disso. Mas essa é só uma possível manifestação das projeções, que em diversos casos resultam profundamente positivas.

## Clasina Maria Hoornik

Clasina Maria Hoornik, dita Sien, vagava pelas estradas de Aia no frio de janeiro[55]. Era a última das mulheres quando encontrou Vincent van Gogh, por sua vez um desconhecido. Arrastava uma menina de 5 anos e esperava um outro filho. Era viciada em álcool, tabaco e seu ofício, a prostituição. Vincent tinha 30 anos, e há pouco havia tomado a decisão de ser pintor. Sien era só dois anos mais velha, mas naquelas condições não tinha como se apresentar como a mais atraente das modelos. Apesar disso, era o que procurava o gênio criador, prostrado na alma do artista; não os seres vitrificados e descontaminados, mas o real sofrimento humano.

*Sorrow* está no início, mesmo assim, dirá o próprio Van Gogh, no vértice de sua busca. O artista não se limita ao desenho, de que realiza outras versões, sobre cuja borda incide este título, *Sorrow* (em inglês no original, em português: "Dor"). A imagem de Sien – nua, desolada, prostrada no cansaço e na vergonha – está contida em um requadro, um limite protetivo traçado por uma mão que não sabe ainda que é forte. Sob essa ingênua proteção, Vincent transcreve uma frase de *La femme* (*A mulher*) do grande historiador francês Jules Michelet (1880, p. 6): "*Comment se fait-il qu'il y ait sur la terre une femme seule, délaissée?*"

---

55. As notícias sobre Sien são tiradas sobretudo de Bailey (2019b, p. 52s.). Além de Bailey (2019a); para uma análise psicológica a partir das cartas de Van Gogh ao irmão Theo, cf. Falcone (2016, p. 50s.).

("Come é possível que, sobre a terra, exista uma mulher sozinha, abandonada?"). Sien era, na verdade, a primogênita dos dez filhos de uma família muito pobre, o contrário da solidão. Suas origens e de seu abandono estavam no mal-estar e na superpopulação, a solidão poderia ser até algo que procurou para fugir daquilo.

*5. Vincent van Gogh, Sorrow (Trauer), litografia, 1882. Amsterdam, Van Gogh Museum.*

Poucos meses depois do encontro, em 16 de maio, Vincent escreveu ao seu principal interlocutor, seu irmão Theo[56]. É atormentado por uma necessidade de harmonia, não quer ferir

56. https://vangoghletters.org/vg/letters/let228/letter.html

nem ofender. Porém, explica, contra a família e a sociedade, desposará Sien. Se uma pessoa teve um filho naquelas condições, foi lavada de uma mancha que carrega. Prova então um total "[...] respeito por uma mulher que se tornou mãe, e [naquele ponto] não faz perguntas sobre seu passado".

No verão, Sien pare o segundo filho, um macho. Durante todo o ano de 1882, Clasina Maria e Vincent vivem juntos, mudando-se para um apartamento mais amplo, onde ele pode pintar. Sobre ela, pouco sabemos, mas o que conhecemos de Van Gogh faz pensar que, por algum tempo, ambos tenham habitado em uma ilha feliz do mar desesperado deles.

No início de 1883, porém, Sien volta a beber e a se prostituir. A convivência fica logo dramática, e eles se separam.

O fim de Sien é o que ela mesma já havia predito, em 1904 se mata afogando-se no Rio Escalda.

A partir de didascália do desenho, sabemos então não só que Van Gogh tinha lido Michelet, mas também que lhe atribuía a máxima autoridade. Ainda hoje, esse fundador da historiografia francesa pode ser considerado progressista e presciente no julgar condições como a pobreza que tinham que ser abordadas, entre outras coisas, também para evitar o crescimento incontrolado da prostituição. A essa consciência, porém, acompanhava-se uma imagem da mulher que vem não só de seus tempos, mas provavelmente da projeção de sentimentos frágeis, escondidos no profundo do próprio Michelet. O capítulo VI do texto resume um aspecto distante, que custa a aproximar-se ao feminino e a transformar-se em identificação: intitula-se inclusive "A mulher é uma religião". Na Introdução ao vasto livro, o historiador escreve que o homem é um constante inovador e vive de ideias. Em vez disso,

> a mulher, fatalmente deixada para trás, permanece no sulco de um passado sobre o qual ela mesma

> pouco sabe. Para seu azar, ela está distante, mas não quer ou não consegue ir mais rápido.

Talvez algo pouco conhecido tenha sido, no ânimo de Michelet, propriamente a imagem feminina. Para isso, associava-a a inelutáveis convicções ou sentimentos de destino, que, somos autorizados a crer, também seu leitor Van Gogh compartilhava. Assim, Vincent se afastou de Sien, e, em alguma esquina escura, arrastou-se em si, ao longo da vida – até o suicídio que comete antes dela – o remorso de tê-la deixado longe, para trás.

## Vergonha, vergonha feminina, vergonha sexual

Demos a nós mesmos a permissão desse breve retorno ao século XIX para não tomar no vazio as reflexões sobre a vergonha sexual do XXI. Não porque o Oitocentos tenha algo para nos ensinar sobre a condição feminina ou sobre a própria vergonha: para tantos aspectos, a liberdade da mulher era maior no Setecentos. Mas é importante enfatizar que, entre o Oitocentos e os anos de 2000, podem ter sido perdidas qualidades que tornam incivilizada a convivência, e em particular seus centros de poder masculinos.

Certamente, tratava-se de qualidades que muitos homens aplicavam superficialmente, ou até mesmo ignoravam. Mas, no exemplo trazido, percebemos que Vincent Van Gogh, se de um lado tinha "desfrutado" Sien, não tanto sexualmente quanto para fazer emergir o artista dentro de si, do outro tinha provado um autêntico respeito para com essa mulher, por sua vulnerabilidade, por sua total solidão. Um percurso interior semelhante vinha de sua profunda sensibilidade, mas era também uma categoria da época. Quase seguramente não teria sentido algo igual, encontrando um homem indefeso como Sien.

Não sabemos se essa sensibilidade, diferenciada conforme o sexo, seja algo certo. Sabemos, porém, que era a face luminosa de uma medalha sobre cujo lado escuro estava a ausência de muitos direitos femininos. Tememos que hoje o respeito por uma específica fragilidade feminina, ou por quem é fraco no sentido mais amplo, tenha desaparecido, enquanto a vergonha de quem se encontra em condições de vulnerabilidade sobrevive ou até mesmo se torna mais frequente. A civilização, contudo, não deixa jamais espaços vazios. E o inconsciente favorece a difusão de fenômenos substitutivos, se algo que é em si natural é drasticamente reprimido.

## Ambivalência do embaraço sexual

Antes de nos lançar mais a fundo em nosso tema, devemos começar dizendo que não estamos falando de algo absoluto, mas de uma "qualidade complexa", bem como variável no tempo e com as diversas culturas. É importante nos dar conta de como exatamente essa complexidade, se não nos permite definir indiscutivelmente o que é a vergonha, deixa-nos a certeza de que seja importante e inevitável.

O embaraço com o sexo e com os comportamentos íntimos não casualmente coincidem com os que são chamados "complexos psíquicos" também pela psicanálise: amálgama de ambivalências, contradições, atração junto com repulsão. Na dinâmica psíquica, têm a função de grifar que um tema é importante; em todo caso, podem gerar, ao mesmo tempo, emoções negativas e positivas. Um instinto leva a esconder as partes sexuais do corpo e os atos que lhes dizem respeito. Mas também nos leva a colocá-los parcialmente em exposição, para excitar não só quem assiste, mas o sujeito mesmo. Daqui a relativa frequência de casais que flertam no elevador, em um carro mal estacionado, em um corredor vazio, mas onde alguém poderia passar, tudo isso sem ter plena consciência do porquê o fazem. A situação causa embaraço, mas para alguns o estímulo que provoca é ainda superior.

Um dos *best-sellers* de livraria dos anos de 1900 (27 milhões de cópias), bem como romance icônico dos anos de 1970, foi

*Medo de voar* (*Fear of flying*, 1973), de Erica Jong. O livro foi sensação não obstante ser de uma trama deveras banal. Uma intelectual americana acompanha o marido psicanalista a Viena para um congresso. Já no avião de chegada, conhecemos os apetites dela pelos colegas dele, unidos no voo. Mas o que levou milhões de leitores a se emocionarem com os desempenhos eróticos dela era a capacidade de colocá-los em ação ficando sempre em equilíbrio no limite entre esconder-se e exibir-se.

## Origem arquetípica/inata da vergonha

A palavra "vergonha" deriva do latim *verecundia*, que significa "respeito". Vale para o italiano, para o espanhol e para o português, enquanto o francês *honte* vem de uma raiz germânica que pode querer dizer "humilhação" ou "desonra". O inglês *shame* e o alemão *Scham* têm uma origem antiga que indica tanto um sentimento de vergonha quanto o ato de cobrir-se. Essas duas línguas possuem ainda um verbo transitivo correspondente (*to shame*, *Schamen*). Como vimos, o *bullying* contra as garotas nas escolas americanas não se traduz em ataques físicos, mas na humilhação pública nas redes sociais: comportamento que em inglês se diz exatamente *shaming*.

Em definitivo, o conceito é usado para exprimir tanto a vergonha quanto o ato de fazer outros se envergonharem. Alude-se a uma condição psicológica tão totalizante que, como uma explosão, mira para todas as direções. A vergonha é, em suma, algo diante do que a consciência e a racionalidade não têm poder: em termos psicanalíticos (mas já também na linguagem comum), o que é chamado "complexo", tanto individual quanto pertencente a uma cultura.

A vergonha tem um parentesco com a timidez e quase todas as formas de inibição. Aparece no primeiro ano de vida. Isso significa que sua origem pode ser estudada só por observadores externos e não através daquilo que sente o sujeito, porque ainda não fala. Isso a deixa ainda mais misteriosa. As teorias sobre a origem da vergonha são relativamente diferentes entre elas. De qualquer forma, dada a idade em que se supõe que surja, diferentemente daquelas sobre os estados de ânimo dos adultos, ninguém poderá verificar o quanto sejam precisas. Mas o que sabemos é suficiente para compreender a importância disso. A vergonha sexual é uma de suas expressões mais específicas, que se desenvolve com o crescimento e a puberdade.

> A vergonha é uma emoção que não foi estudada o suficiente porque nossa civilização facilmente confunde isso com culpa. A vergonha pressupõe estar exposto à observação dos outros e estar ciente dessa exposição. Implica, em suma, um estado de semiconsciência: somos visíveis, sabemos disso, mas não estamos prontos para isso, o que explica por que nos vemos seminus em sonhos vergonhosos. [...] A irmã da vergonha é a dúvida (Erikson, 1966, p. 236-237).

Essa primeira importante análise, publicada originalmente em 1950, ressalta a função social da vergonha, mas também a possibilidade que o ato de se envergonhar exageradamente produza personalidades frágeis, ou inclinadas a enganar para se esconder. A libertação sexual dos anos de 1960 e 1970 buscará exatamente apagar muitos desses aspectos. Em particular, abolir os excessos de vergonha sexual, sobretudo feminina.

Naqueles anos, difundiram-se no Ocidente as habitações "comuns" em que se convivia ligado não por parentesco, mas por uma comunhão de ideias: tentava-se fazer nascer um mundo novo não só na política, mas por meio da experiência cotidiana. A ideia de um espaço "em comum" era mais que palavra. Naturalmente se compartilhavam a cozinha e uma sala, mas nas comunidades mais utópicas normalmente eram abolidas também as portas dos cômodos onde dormiam. Se alguém tinha relações sexuais, não se considerava só lícito, mas também positivo que outros assistissem: não poucas crianças cresciam nessas microssociedades igualitárias, em que era julgada benéfica uma semelhante educação sexual direta, sem nada a esconder.

## Medo/vergonha

Nos anos de 1960, que coincidem em parte com esses experimentos utópicos, desenvolveram-se diversos estudos sobre a primeiríssima infância. Em particular, difundiram-se os testes de Spitz (2010) sobre o primeiro ano de vida. Esse aluno de Sigmund e Anna Freud notou que por volta dos oito meses, talvez inclusive antes, o infante manifesta uma reação automática, não aprendida. Começa a mostrar um turbamento quando aparece um rosto diferente do da mãe (Spitz, 2010, cap. 6). Não é ainda (ou contudo não é *apenas*) medo, mas uma reação de vergonha/timidez[57], ativada pelas novas experiências sensoriais. Trata-se de um impulso muito importante para o crescimento. Antes que intervenham ensinamentos externos, essas reações inatas põem um limite útil à curiosidade e à necessidade de exploração que, com a crescente mobilidade, exatamente naquele período se desenvolve na criança (Jacoby, 1991, p. 92-93; Spitz, 2010, cap. 8).

Dado que essa passagem não é aprendida, mas se verifica mais ou menos igualmente em todos, é também chamada arquetípica: é prenunciada com exatidão pelo mito monoteísta (Jacoby, 1991, p. 94-95). No Gênesis 3,7-10, Adão e Eva não descobrem só a tentação, a transgressão de uma proibição, o pecado: percebem-se também de estarem nus. E, pela primeira vez, envergonham-se. Enquanto a punição para uma desobediência corresponde ao surgimento da ética, e, no fundo, é previsível, a vergonha é uma surpresa. Soa como uma punição, mas falta uma

57. Em alemão, *Scham/Schüchternheit* (cf. Jacoby, 1991, p. 91).

culpa que eles tenham cometido. No início, a nudez de Adão e Eva é uma condição natural, só sucessivamente e em circunstâncias particulares vira uma transgressão.

O Gênesis, exatamente como o estudo do crescimento de um infante, diz simplesmente que é assim. Trata-se de uma passagem, custosa e não gratuita, em direção à sociedade humana para Adão e Eva, em direção à idade adulta e à consciência para a criança. A origem da vergonha é, portanto, descrita como natural tanto pelos estudos sobre a infância quanto no mito bíblico. Antes que surja não existe ainda o ser humano dotado de consciência, nem individual nem civil.

Estudos antropológicos têm confirmado que alguma forma de "vergonha corpórea" está presente em todas as culturas, naturalmente com fortes variáveis conforme algumas circunstâncias. Em nosso olhar ocidental, por exemplo, parece que uma vergonha do corpo falte em certos habitantes da Amazônia, porque estão sempre nus. Efetivamente, os Yanomamis são "revestidos" só por uma sutil faixa à cintura: as mulheres, porém, caem em um grave embaraço se alguém pede a elas para tirá-la (Hell, 2019, cap. 1)[58].

Esses precedentes universais nos ajudam a entender melhor por que, duas gerações depois de uma liberação da sexualidade tornada aparentemente sempre mais ampla, no mundo digital o *revenge porn* seja uma forma extremamente comum, e eficazmente violenta, de agressão contra as mulheres[59].

O pressuposto dessa prática vindicativa reside na laicização e desdramatização da vida sexual, acompanhada pela facilidade de fotografar ou gravar vídeo oferecida por um *smartphone* normal. Em si, seria um evento deveras banal. A nudez e os momentos de

58. Hell foi diretor do Burghölzli de Zurique, uma das clínicas universitárias que deixaram a maior marca na história da psiquiatria.

59. https://www.merriam-webster.com/dictionary/revenge per cento20porn.

intimidade sexual são registrados, às escondidas ou consensualmente também. São guardados porque poderiam servir em um outro momento para o próprio casal, para facilitar uma excitação sexual. Essa pode nem surgir por comando, porque é autônoma e vem do inconsciente, algo conhecido em todos os tempos. Nova, contudo, é a possiblidade digital de reproduzir as imagens e fazê-las circular praticamente sem limites.

Mas se a técnica mudou, a psiquê contém elementos universais pouco modificáveis, em outras palavras, tem bases arquetípicas. Desde sempre, os parceiros se separam. Só hoje, porém, quando a namorada de ontem se vira para um outro, o ex-companheiro pode expressar raiva e atiçar ciúmes no novo casal ao colocar em rede as *performances* eróticas do antigo.

Esse fenômeno continua a ser a ponta de um *iceberg*, de que se ocupam já muitíssimos órgãos oficiais[60]. Depois de um século de feminismo e de leis a favor da mulher, a dominância da internet e do digital fez emergir novas e vastíssimas possibilidades de agressão, humilhação e "envergonhamento", desproporcionalmente dirigidas à mulher enquanto mulher; e, com o tempo, à medida que emergiam do anonimato, às minorias sexuais.

## Vergonha/culpa

No ano de 1946, um texto fundador da antropologia moderna propôs uma divisão das sociedades humanas baseada sobre

60. No Reino Unido, o fenômeno é chamado de "pandemia digital" pelo "Vawg" (Violence Against Women and Girls), publicação oficial em defesa de mulheres e jovens menores de idade (https://www haringey gov.uk/community/community-safety-and-engagement/dome-stic-and-gender-based-violence/violence-against-women-and-girls); muito vasta é ainda a atenção oficial que a União Europeia dedica ao *revenge porn* (https://eige.europa.eu/thesaurus/terms/1488); EGE: European Institute for Gender Equality especialmente constituído, a publicação é de 2017 (https://eige.europa.eu/publications/cyber-violence-against-women-and-girls).

a diferença entre culpa (*guilt*) e vergonha (*shame*) (Benedict, 1967). O Ocidente, com a sua raiz monoteísta, põe o critério dentro do homem que assimilou as normas e se sente em culpa se as transgride. As culturas orientais, ou pelo menos Japão e China, fazem derivar a adequação dos indivíduos do juízo da sociedade: a coisa mais intolerável é perder a face em público.

Após três quartos de século feitos de secularização, e de comercialização que tem fortemente incluído todo o corpo, os esquemas ficaram complicados.

Com a diluição da tradição, seja no Ocidente, seja no Oriente, importa menos se a ruptura de um tabu esteja sujeita a vergonha pública ou a um sentimento interior de culpa. Entre os anos de 1920 e 1940, outros estudos de uma fundadora da psicanálise, Melanie Klein (1975), concentraram-se sobre o primeiro ano de vida: constataram como, independentemente da educação, no segundo semestre daquele ano, o infante já experimenta algo que a autora chama *guilt*, "culpa". Em substância, interessa-nos menos se, entre os adultos, o limite para comportamentos "não apropriados" seja dado por intervenções impostas pela sociedade. É, contudo, importante constatar que existe em cada ser humano um *mecanismo de inibição inato*, que se ativa muito precocemente, quando a criança ainda não sabe se expressar com as palavras. Trata-se de uma plataforma psicológica, sobre a qual se enxertam depois as proibições que o sujeito aprende com o crescimento.

Com o tempo, os limiares impostos à sexualidade foram muito relaxados. Os sentimentos de vergonha e de culpa ligados a ela, porém, mais que serem enfraquecidos, foram deslocados para outros planos. Formou-se um complexo psicológico em que culpa e vergonha são pouco distintas, mas conservam a capacidade de punir o sujeito internamente por certos comportamentos. Um complexo sofrido, que facilmente reabsorve no embaraço todo o corpo dos mais jovens e despreparados, não se limitando às partes genitais deles.

## *Shame* e *shaming*

Contemporaneamente, graças às redes sociais, a exposição e ridicularização se tornam um meio de combate, individual ou coletivo, contra certas pessoas não conformizadas ao cânone, sobretudo aqueles estéticos, em uso para comparação e criação – conscientemente ou não – de uma classificação no grupo. A comunicação dos mais jovens é constituída em medida crescente por imagens transmitidas por meio da internet. Desse modo, cada *smartphone* pode transformar-se em um instrumento de poder incontrolado, torna-se uma arma de venda livre, mas capaz de massacres e, ao mesmo tempo, uma prótese da frágil identidade de quem o empunha.

Grande clamor suscitou a revelação de como Facebook – empresa proprietária do Instagram, a maior plataforma para difusão de imagens – levou a cabo estudos sobre seu uso. Os resultados indicavam que, com o seu uso, crescia o risco de depressões e atos de autolesões sobretudo entre *as* adolescentes. Até então, Facebook tinha mantido só para si as conclusões da pesquisa.

## Vergonha e honorabilidade

Em essência, deparamo-nos com uma nova fronteira da assim dita sociedade da imagem, provavelmente não eliminável ou pelo menos não controlável, porque, todos os dias, é recarregada em bilhões de exemplares sobre os bilhões de *smartphone* existentes.

Ela tem origem em algo que, por sua vez, corresponde a uma necessidade originária, ou arquetípica, do homem: a busca por exemplaridade. Daniel Hell colocou em evidência uma radical modificação desse impulso instintivo. O sentimento de corresponder a um ideal, ou de inadequação e portanto de vergonha, que em um tempo eram, por assim dizer, profundos – a ponto de muitos arriscarem suas vidas nisso, considerando-se “desonrados” se não a cumprissem –, hoje foram mudados; em vez de em profundidade, se desenvolveram horizontalmente, entre pares ou pessoas em condições equivalentes (Hell, 2019, p. 187s.)[61].

Sem que lhe seja ensinado, a criança tem o instinto de imitar para adaptar-se ao ambiente. Essa pulsão imitativa não teve possibilidade de evoluir para adaptar-se à revolucionária relação com os modelos proposta pela internet e pelas redes sociais. Praticamente até ontem, o crescimento de garotos e garotas estava ligado a imagens-guia muito simples. Tornava-se adulto tendo aos olhos os pais, no mais irmãos e irmãs mais velhos. Era fácil copiá-los: vinha para ajudar até mesmo a genética, que nos deixa semelhantes a eles também na parte física.

Até à difusão da fotografia, em uma casa normal praticamente faltavam as imagens-modelo. Isso facilitou muito a transmissão de valores ou comportamentos entre os adultos e os filhos destes[62]. Só as famílias abastadas tinham alguns retratos: mas, previsivelmente, boa parte desses eram reproduções de ancestrais. Um dos romances mais famosos do Novecentos foi a *Marcha de Radetzky* (1932), a obra-prima de Joseph Roth. Na saga familiar, o último da estirpe, o Tenente Von Trotta, é constantemente reconduzido pelo pai para a frente de um retrato do avô, condecorado por um título nobre por ter salvado a vida do imperador. Uma estabilidade das imagens privadas, porém, não é suficiente para remediar aquela que o mundo em volta perdeu. Assim, também na descrição nostálgica de Roth, o neto se sente constantemente inadequado e se perde, caindo no álcool.

As figuras exemplares foram, por milênios, o fundamento de uma sociedade e de uma vida individual estável. Imagens múltiplas e fluidas como as dos hodiernos *influencers* trazem, ao

---

61. Todo o capítulo conclusivo de Hell conecta o conceito de *Scham*, vergonha, à cultura da *Beschämung*, termo alemão correspondente ao inglês *shaming*.

62. Abordei esse tema no texto *Vedere il vero e il falso* (Zoja, 2018).

contrário, incerteza permanente. Mas os modelos pré-modernos estão há tempo esvaziados. Já no início dos 1900, advertia a epopeia de Roth, o equilíbrio estalava: a sociedade estava tornando-se demasiadamente móvel para que as famílias pudessem permitir-se viver na autoperpetuação de um ancestral.

# PARTE IV

# UMA REFLEXÃO PARA CONTINUAR

*Nos casos [de impotência psíquica] não se fundiram duas correntes, cujo encontro por si só assegura um comportamento amoroso completamente normal, duas correntes que podemos distinguir uma da outra como a corrente terna e a corrente sensual.*
Sigmund Freud, *Contribuições para a psicologia*

*Alle Instinkte und Triebe, nicht nur die Sexualität, auch die Aggressivität oder die Wille zur Macht sind Ausdrück eines Strebens nach Ganzaheit und enthalten ein Mysterium.*
*Cada instinto e impulso, a sexualidade, mas também a agressão ou o impulso de poder, são expressões de uma busca pela totalidade e contêm um mistério.*
Aniela Jaffé, *Streiflichter zu Leben und Denken C.G. Jungs*

## O isolamento da felicidade

Em 2019, um artigo de *The Atlantic* completava os dois pedaços já examinados. No texto, a *sex recession* americana – que chamamos isolamento sexual, para conectá-la à patologia chamada isolamento social – era relacionada com o índice mais geral da felicidade adotado pelas Nações Unidas (Wilcox & Stone, 2019). Podemos ter alguma dúvida sobre o fato de que a felicidade seja mensurável, contudo, no século XXI, é avaliada pelas instituições internacionais[63]; e a classificação tem algo de convincente, visto que em cima estão as nações escandinavas, seguidas por aquelas mais ricas e democráticas, enquanto no último lugar se encontra o Afeganistão.

No artigo, o decréscimo no índice de felicidade americano desde 2012 resultava atribuível em cerca de um terço à queda da sexualidade. Desde 2014, até 100% da diminuição de felicidade se atrelava ao declínio da prática sexual. As diversas razões dessa condição eram subdivididas por comportamentos sociais. As jovens gerações americanas se casam menos e vão menos a igrejas: novidades pagas com uma solidão mais difundida, por sua vez associada à infelicidade. Twenge (2018, cap. 5)[64] atribui ao maior emprego de eletrônicos entre os adolescentes um maior

63. https://worldpopulationreview.com/country-rankings/happiest-countries-in-the-world.

64. A publicação de seu texto, no entanto, precede o artigo.

isolamento e um aumento dos distúrbios psíquicos. Segundo o artigo, porém, os dados mostram que, entre os jovens, pelo menos uma mudança de hábitos corrigiu esse estar mais sozinho: agora encontram os amigos com maior frequência. Isso compensa a solidão do solteiro, mas não o fato de que a vida de casal, normalmente, comporta também uma atividade sexual. Mesmo tendo mais amizades, o eros continua "não compensado". E é responsável pelo aumento da infelicidade.

## Quais as conclusões?

A tentativa de compreender a sexualidade humana do século XXI nos levou a abrir muitos discursos, mas concluir poucos. Pensávamos abordar temas psicológicos, no mais culturais. Contudo encontramos também alterações biológicas antes inexistentes, que podem influenciar a fertilidade e a sexualidade humana. Fatores praticamente desconhecidos não só a mim, autor destas páginas, mas também aos especialistas que foram fisgados nesse estudo. Sabemos só que, em poucos decênios, mulheres e homens se tornaram menos férteis, considera-se que por alterações químicas introduzidas no ambiente.

Compreendemos então que, ao deterioramento das qualidades físicas em que a sexualidade se manifesta, corresponde uma piora sua no lado psicológico. Em palavras mais simples: faz-se menos amor, com menos convicção, menos paixão, mais desapego e tédio.

Sendo psicanalista há mais de meio século, vi aparecer um comportamento que chamaria de "síndrome antierótica do relógio". Um gesto indiferentemente masculino ou feminino. Durante o abraço da relação sexual, gira-se levemente o pulso atrás da nuca do parceiro e se confere o passar do tempo. Às vezes porque, exatamente durante aquele abraço, veio na mente um compromisso; outras vezes só porque se tem a sensação de que está durando demais e está sobrevindo um sentimento de tédio.

Não recordo de ter ouvido falar nada semelhante há 50 anos. Não posso descartar completamente que algo semelhante tenha acontecido com alguns pacientes naquela época e que, apesar da liberação formal da década de 1970, eles tinham vergonha de falar sobre isso. Porém, o que me parece ter mudado é o nível em que o sentir comum e o imaginário coletivo colocam a sexualidade. Também há meio século, como hoje, o eros não era uma coisa ou uma pessoa: contudo, *era algo* e é possível que inspirasse um respeito por si mesmo, só porque era aquela coisa. Essa entidade que pode desaparecer não é definível. Entretanto, correspondia ao comentário de Rilke que citamos; e até mesmo a uma expressão comum usada até hoje na Índia: toda vez que duas pessoas fazem amor, restituem a harmonia no universo.

## Relatividade histórica do eros

Já recordamos que as culturas e as épocas mais diversas ligam o sexo ao sagrado. Nos anos de 1800, quando já a Modernidade avançava, na Alemanha e no norte da Europa, a secularização havia despedaçado a ossatura da religiosidade antes que no sul. A lufada do romantismo, porém, tinha "ressacralizado" as paixões amorosas, recorrendo às palavras dos poetas em vez daquelas de uma igreja.

Por séculos, as religiões haviam falado de tentações provenientes do demônio, subentendendo – às vezes afirmando explicitamente – que a sexual constituía o maior perigo. Como vimos em nossa excursão histórica, o 1900 gradualmente liberou-a dos tabus; e os anos de 1970 com frequência transformaram-na em seu contrário, uma alta aspiração. Mas a sexualidade, fosse para fugir ou desejar, continuava em todo caso circundada por uma reverência.

Todavia, o que parece completamente novo é, no século XXI, sua transformação de sacra em *profana*. Em uma entidade estatística, como apanhamos nos estudos de muitos países, que se preocupam justamente com sua mutação, mas que "profanam" aquela antiga sacralidade, reduzindo-a a números, percentuais, tabelas.

## O amor-paixão

Em 1912, Freud tinha reproposto nas entrelinhas uma leitura romântica, quase arquetípica, do amor, revestida de sua proverbial engenharia psicodinâmica.

> É necessário um obstáculo para elevar a libido e, quando as resistências naturais contra a satisfação erótica não são suficientes, os homens de todos os tempos introduziram resistências convencionais para poderem desfrutar do amor (Freud, 1974, p. 429).

Cerca de um quarto de século mais tarde, em 1939, Denis de Rougemont publicava *L'amour et l'Occident* (*O amor e o Ocidente*). Com um tema tão totalizante, era inevitável que o texto recebesse alguma crítica. Teve, mesmo assim, sucesso e vastas consequências. Em essência, o filósofo suíço (e fundador do federalismo europeu) concebia aquilo que seu tempo chamava amor como *amour-passion.* Considerava-o um fenômeno histórico e culturalmente produzido, mais que uma extensão universal do desejo erótico. No amor-paixão, que se contrapõe ao matrimônio e a análogos esquemas religiosos ou legais, o Ocidente alimenta a própria vitalidade buscando sempre novos obstáculos, ou melhor, criando-os. Inventa-os com o objetivo de fazer recomeçar, com a superação deles, o fluxo daquela energia psíquica que a Modernidade empreguiça. Na reconstrução de De Rougemont, essa forma de amor nasce da lenda de Tristão e Isolda, mas se torna espinha dorsal do mito moderno que mantém em pé tanto a literatura quanto o cinema de Hollywood: obstáculo, combate, conclusão.

Tratava-se, portanto, de uma leitura historicizada do mito, surpreendentemente similar àquela, um tanto a-histórico-científica, de Freud.

Chegados a esse ponto, poderíamos formular uma hipótese que diz respeito a nossa época. A vida erótica do século XXI encontra novos problemas porque constitui o produto de uma subtração: corresponde àquilo que sobrevive do amor quando foi privado do mito. Essa perspectiva traça uma correspondência entre a teoria de De Rougemont e a Entzauberung der Welt (desencantamento do mundo) expressa por Weber. Ambas, de fato, descrevem duas dinâmicas paralelas na cultura do Ocidente: um mundo em que são arrancados para sempre a magia e o encanto. Na vida privada, secularização e sequidão do amor são suas consequências não evitáveis.

## Fadiga

A palavra *fadiga* indica, em doentes graves, um cansaço desproporcional aos esforços realizados; mas, em certos casos, também uma exaustão não motivada por causas físicas[65], explicável com razões culturais ou psicológicas. Nesse sentido, nos últimos decênios foi traduzida em gráficos e diagramas que representam comportamentos coletivos, úteis sobretudo para o *marketing* de quem vende o supérfluo.

Fala-se de *luxury fatigue* em geral, mas também de uma específica *brand fatigue* quando uma certa marca, depois de um longo sucesso, começa a despertar menos interesse. Cansou com mensagens publicitárias exageradas, ou muito frequentes? Ficou simplesmente à venda por tempo demais e agora o público percebe que compra algo de inútil?

---

65. Nessa acepção: "*a state or attitude of indifference or apathy brought on by overexposure (as to a repeated series of similar events or appeals)*" [um estado ou atitude de indiferença ou apatia provocada pela superexposição (como a uma série repetida de eventos ou apelos semelhantes)] de: "Fatigue": *Merriam-Webster.com Dictionary*, Merriam-Webster (https://www.merriam-webster.com/dictionary/fatigue).

Enormes pesquisas de mercado são colocadas em ação quando um modelo de *smartphone*, de bolsa ou de automóvel – em geral caro – não atrai mais o comprador.

É possível que a *fatigue* atinja também a sexualidade, desde o momento em que é uma atividade cultural e temporalmente condicionada? Muitos elementos contribuem para fazê-lo crer. Enquanto Apple, Prada ou Mercedes-Benz ativarão *marketing* e meios de comunicação para remediar as quedas de vendas, o eros ficará sozinho para lidar com esse vazio.

O eros não é um contratante, um sujeito dotado de iniciativas próprias e de instrumentos para traduzi-las na prática. Tempos atrás, seu nome era escrito com maiúscula, Eros era um deus. Hoje sobraram só alguns traços seus, indiretos. A palavra "entusiasmo" (o deus, *theos*, que está dentro, *en-*) indica ainda a condição em que o sujeito sente em si algo de divino: uma possibilidade rara, naquela que foi chamada época das paixões tristes (Benasayag & Schmit, 2013). O recurso a ajudas químicas como o Sildenafil (comercialmente conhecido como Viagra) ou Flibanserin (Addyi, incorretamente chamado de Viagra feminino) pode reativar certas partes do corpo: não pode trazer de volta um deus que desapareceu, desde quando Max Weber diagnosticou a doença terminal do "encanto" em que o mundo vivera.

## Ainda uma curva crítica

Observamos agora a Curva de Bonaiuti, que estende as intuições de Ivan Illich aos sistemas complexos do século XXI. Ela deixa imediatamente visível o risco que um processo considerado desejável se inverta. Superado um certo limiar, sua taxa de crescimento se reduz. Passado ainda um segundo limiar, entra em uma fase negativa, em que os custos superam os benefícios.

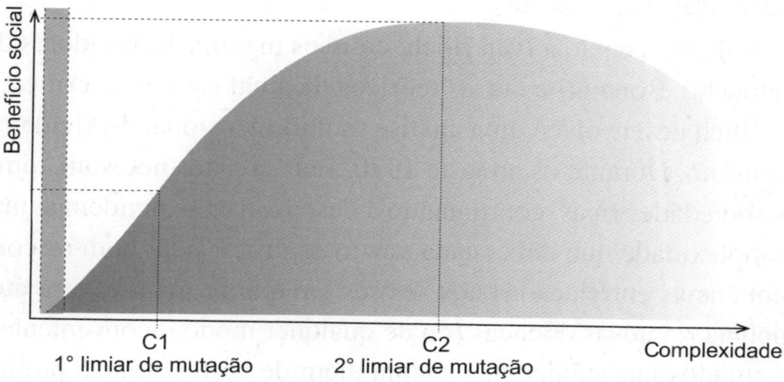


*6. Curva de Bonaiuti.*

Essa curva tem um traçado muito simples, particularmente útil em um discurso multidisciplinar. Seu emprego mais imediato é o das ciências econômicas, em que indica uma atividade à medida que se afirma, cresce, se estabiliza, entra em declínio. Bonaiuti, mesmo tratando de produções, recorda, porém, que "andamentos desse gênero [...] são [...] muito comuns tanto no âmbito dos sistemas biofísicos quanto no âmbito dos sistemas sociais (Bonaiuti, 2013, p. 180).

A tal elenco podemos adicionar: e também nas dinâmicas psicológicas agregadas. De fato, já notamos, no início da "Segunda parte", que até os desempenhos da psiquê, grosseiramente mensurados com o Q.I. depois de um notável crescimento médio na segunda metade do Novecentos, atingiram um teto, que normalmente foi seguido por uma trajetória oposta, descendente. Para isso, como vimos na Figura 2, a descrição na literatura científica pode ser acompanhada de diagramas, cuja curva corresponde àquela de Bonaiuti.

## Contraprodutividade

Voltemos então a Ivan Illich, entre os maiores inspiradores de Latouche, Bonaiuti e outros teóricos da atual economia crítica.

Illich desenvolveu uma análise multidimensional do Ocidente moderno. Durante os anos de 1970, seus escritos notavam como as sociedades ricas, continuando a desenvolver-se, tendem a uma complexidade que deixa cada vez mais difícil lidar com as consequências entrelaçadas nos setores em que se manifesta: a medicina cria novas doenças (ou de qualquer modo inconvenientes, chamados iatrogênicos), a escola além de certos limites produz ignorância (ou pelo menos grosseria de pensamento), os meios de transporte, embora sempre mais velozes, causam engarrafamentos que reduzem as possibilidades de movimentação.

## Os dois limiares dos processos produtivos

Partindo de um nível limitado de desenvolvimento, muitas atividades humanas crescem por automultiplicação, aproximando-se do que Illich (1974, p. 15) chama de "Primeiro Limiar". Os investimentos têm um rendimento elevado, portanto os empreendedores são propensos a reinvestir uma parte consistente. Com bons ganhos, o processo pode continuar por um tempo, pois cria postos de trabalho e também o Estado fica satisfeito, desde que essas rendas gerem entradas novas no fisco.

Dos rendimentos dessas atividades, o empreendedor deve, naturalmente, subtrair as despesas que incidem no interior delas. Outros custos, porém, são externos: são descarregados sobre a coletividade ou sobre o Estado, e começam a gerar discussão. Ao crescer a produção, o ar fica poluído, difundem-se doenças respiratórias, as quais demandam intervenções sanitárias. Se a empresa cresce, aumentam os deslocamentos cotidianos para ela, então o tráfego que produz ainda mais poluição e retarda a mobilidade. Tornam-se necessárias novas estradas, mas também filtros, macacões de proteção, enfermarias. Nesse ponto, pode-se encontrar o Segundo Limiar. Somando os encargos internos àqueles externos, os custos marginais podem corresponder às receitas marginais ou superá-las: isto é, cada nova unidade produzida comporta despesas que eliminam o ganho, ou até causam uma perda. A curva se aplaina e pode até mesmo começar uma descida.

Muito mais do que na década de 1970, quando Illich apresentou essas críticas, hoje vivemos no mundo da complexidade, onde cada produção é interdependente. A globalização implica que a crise de um país tenha consequências também nos outros continentes: com maior razão, em cada lugar específico, a multidimensionalidade da vida (não só da economia) faz com que uma produção de bens ou os serviços tenham repercussões na saúde, na governabilidade, na religião. E, inevitavelmente, sobre os comportamentos privados como a sexualidade, de que nos ocupamos.

## Os dois limiares nas dinâmicas mentais

Tanto Illich quanto os economistas críticos do século XXI se referem à produção de bens e serviços, enquanto nós estamos falando de dinâmicas da mente. Mas todos os diferentes campos são favorecidos, ou prejudicados, por um ambiente humano e pelo clima mental que este determina: são multidimensionais, pois ligam a economia à física, à química, mas também à sociologia e à psicologia, seja para o bem, seja para o mal. A paz e a prosperidade que se seguiram à Segunda Guerra Mundial fizeram crescer, no Ocidente, a leitura, a entrada nas universidades, a duração média dos estudos. Essa escalada em direção ao Primeiro Limiar favoreceu uma autoalimentação dos desempenhos mentais; e isso, já foi visto, levou a um crescimento médio do quociente de inteligência.

Com o passar do século, também a difusão da internet inicialmente favoreceu o círculo virtuoso, aumentando os níveis de conhecimento. Mas, quando o saber inteiro se tornou disponível em rede, para todos e em qualquer momento, o indivíduo médio começou a atolar-se no Segundo Limiar: em vez de beneficiar ao infinito um aumento do conhecimento, obteve um crescimento da confusão. Trata-se de um fenômeno psicodinâmico que vem sendo estudado desde a década de 1990 sob o nome de paradoxo da internet.

Surpreendentemente análogo foi o processo de autotropia (= autoalimentação) e depois de decréscimo do eros, que obviamente responde, antes de tudo, a dinâmicas tanto culturais quanto psicológicas, e aciona um círculo inicialmente virtuoso, mas, em seguida, vicioso.

Em torno da revolução sexual se alcança o Primeiro Limiar. Como nos recordou visualmente Joan Semmel (Figura 1), tanto o ambiente imaginário quanto os discursos se tornam erotizados. A que também Freud considerava uma censura necessária da sexualidade parece descartada para sempre. Depois da – aparente – liberação completa de suas formas mais tradicionais (relação heterossexual em par), saem da invisibilidade aquelas minorias (sobretudo a homossexualidade), e algumas dessas parecem multiplicar-se incontrolavelmente (sobretudo a transexualidade). Eis o Segundo Limiar, que leva muitos aspectos do eros a um nível de complexidade não abordável com instrumentos conhecidos e tem efeito retroativo nos equilíbrios sociais. Parece desestabilizar até mesmo os esquemas políticos da sociedade. A luta contra as pessoas LGBTI permite às extremas direitas formar alianças internacionais: um espantoso oximoro para movimentos fechados e nacionalistas.

O Segundo Limiar foi, portanto, superado também para o eros, quando o indivíduo médio começa a retirar-se assustado diante de provocações sexuais que – na moda, na publicidade, em outros meios de comunicação – procuram ainda chocar, visto que limites e tabus foram já superados, o médium que existe para vender a si mesmo não propõe mais tanto a piscadela erótica, mas cada vez mais o que é estranho (vestidos que lembram trajes espaciais), pouco natural (como uma magreza excessiva) e desconcertante (a copresença das polaridades feminina e masculina, já difundida na República de Weimar e rejeitada como pervertida pela repressão nazista).

Em seu esquema, anterior à globalização, Illich (1974) identificava para os setores por ele estudados tantos deslizes na "contraprodutividade"[66], conceito que Bonaiuti refere, com as devidas diferenças, também ao mundo dos anos de 2000 (Bonaiuti, 2013, p. 43, 117)[67]. É quase supérfluo recordar quanto o uso dos aplicativos de encontro é um exemplo sensacional, transportado para o século XXI e derramado na sexualidade.

Notamos que, em 2014, o usuário médio de Tinder consultava esse aplicativo por cerca de uma hora e meia ao dia: tempo, estamos autorizados a imaginar, tirado do cortejo ou da atividade erótica real e verdadeira, porque é difícil que fosse subtraído aos deslocamentos para ir ao escritório ou aos exames médicos.

## Diagnóstico de Freud

O texto de Freud a que nos referimos tem uma limitação na falta de historicização. As dificuldades na satisfação sexual que descreve são, em parte, ligadas à moral da época; a qual radicalmente mudou para as mulheres e, em menor medida, para os homens. Todavia, a substância de sua observação continua precisa e absolutamente válida. Os costumes de seu tempo criavam sobretudo obstáculos para o gozo feminino da sexualidade. Contudo, as dificuldades estavam bem longe de reduzir-se a isso. Como vimos, antecipando De Rougemont, o fundador da psicanálise

66. Várias das ideias de Illich são retomadas por um dos principais críticos atuais do desenvolvimento, Serge Latouche (cf. 2016a, cap. 5; 2016b, p. 108s.).
67. Para a "produtividade negativa" da medicina, cf. Illich (1977, quarta parte, VI).

estava já convicto de que as barreiras para a união amorosa não fossem só negativas, mas inconscientemente fossem sempre reinventadas exatamente para reforçar o impulso erótico.

Diante de limites que a civilização interpõe aos instintos, no escrito de 1912, Freud já se indagava se poderiam em algum momento ser satisfeitos: um problema que abordará completamente em *O mal-estar na civilização* (1930). Constatava, contudo, que quando o casal havia chegado ao matrimônio, ou a uma união socialmente aceita, o longo período de inibição pré-matrimonial à sexualidade se traduzia em uma verdadeira e própria impotência só em uma minoria dos homens. (No escrito, ele acena à censura ainda maior que podia causar frigidez na mulher, mas deixa implícito que os instrumentos e as barreiras da época lhes deixavam mais difícil a avaliação.) Todavia, expressava um diagnóstico pessimista sobre essa sexualidade "madura" masculina (sempre implicando que a feminina seria ainda mais problemática):

> Se ampliarmos o conceito de impotência *psíquica*, e não o limitarmos ao fracasso na execução do coito [...] acrescentamos à categoria de impotentes todos os homens que definimos como *psicastênicos*, para os quais a execução é muito bem-sucedida, mas eles fazem isso sem obter prazer particular com isso; e esses são casos mais frequentes do que você imagina (Freud, 1974, p. 426, itálicos meus).

Um século de distância, não obstante as muitas mudanças de costume, notamos um fio vermelho que não foi jamais interrompido. Pelo contrário, ampliou a já larga concepção freudiana de impotência. Por mais que Freud a considere relativa, renegociável e passível de ser classificada com o adjetivo "psíquica": portanto, não como impotência absoluta.

Exatamente a qualificação de *psíquica* torna o conceito extensível do homem para a mulher, às minorias sexuais, a cada ser que aspire a uma vida erótica independentemente da época. Isso exprime, sem fazê-la depender de funções biológicas, uma fundamental desarmonia consigo mesmo e com a própria colocação erótica na sociedade, até quando o sujeito é um representante do *mainstream* e aparentemente é completamente aceito: isto é, no caso do macho branco adulto abastado, como devia ser o paciente típico de Freud.

## Superabundância e psicastenia

Por lei psicológica quase imutável, expressa desde sempre na lenda do infeliz Rei Midas[68], a *superabundância em si causa pânico, queda do desejo, desgosto*. Já na aumentada disponibilidade de bens e no consumismo vencedor dos anos de 1980, eu notava a difusão de uma nova síndrome ansiosa: aquela da dona de casa "[...] que é tomada pelo pânico entre as prateleiras intermináveis do supermercado e, sentindo que aqueles objetos infinitos a olham e lhe pedem para serem comprados, experimenta vertigem e náusea" (Zoja, 2003b, p. 201-202).

A "síndrome de hiper-Buridan", que examinamos, e a "contraprodutividade específica" dos aplicativos de encontro constituem vastas extensões dessas formas ansiosas da sexualidade do século XXI, em teoria menos problemática. Demasiadamente frequente, ela gera novas inseguranças, quando se torna uma afirmação obrigatória diante do grupo, que pula diretamente o estágio do desejo sentido e íntimo. O decaimento mundial das atividades sexuais pode, dessa maneira, ser visto como uma das tantas formas de "resistência nauseada à superabundância", colocada em movimento pelo inconsciente, tanto coletivo quanto individual.

Nos primeiros decênios do século XXI, é muito elevado o número de pessoas na faixa dos 20 e 30 anos a que se pode aplicar o diagnóstico freudiano de "psicastênico". Infelizmente, por dificuldades trabalhistas, econômicas, existenciais, a vida

68. Tratei disso em *Coltivare l'anima* (Zoja, 1999, 3.3).

de uma pessoa com 20 anos nos dias de hoje é mais complexa e geradora de ansiedade que a de pessoas de mesma idade de qualquer geração de 1900: talvez até mesmo daquelas do período entreguerras. Também nos países mais ricos, esse jovem tem hoje mais dificuldade para deixar os pais, quando não sofre de uma verdadeira e própria "síndrome de isolamento" que o leva a embarricar-se permanentemente em casa. Mesmo quando, em teoria, há mais alternativas do que no século passado, na prática há mais inseguranças.

Por que, então, todos esses sujeitos não são diagnosticados como psicastênicos? Porque o termo estava se tornando tão onicompreensivo que o DSM o eliminou, incluindo-o entre os infinitos tipos de transtornos de ansiedade[69]. Um diagnóstico pode ser eliminado não tanto porque diz respeito a muito poucas pessoas, mas quando é demasiado extenso que acabaria por indicar uma generalidade em vez de especificidade.

Para além de seu desaparecimento da classificação no século XXI, a descrição feita por Freud do psicastênico parece corresponder com extraordinária precisão ao indivíduo médio que hoje renuncia à atividade sexual. Evita-se o eros não porque esteja sujeito a proibições particulares ou porque envolva dificuldades intransponíveis, mas pelo fato de que a "recompensa" oferecida por uma experiência erótica é – exatamente como na definição freudiana – permanentemente muito baixa para motivar sua procura.

## Prognóstico de Freud

A proverbial cautela de Freud não lhe impedia, já em 1912, de "[...] propor a tese de que a impotência psíquica é muito mais difundida do que se acredita, caracterizando em uma certa

69. "Psychasthenia: *n.* an archaic term for any of the anxiety disorders. It is still in use as the name of one of the primary scales of the Minnesota Multiphasic Personality Inventory" (APA, n.d.).

medida efetivamente a vida amorosa do homem civil" (Freud, 1974, p. 426).

Segundo seu estudo, a satisfação completa – portanto a superação da impotência psíquica – se alcançava só quando "[...] a corrente de ternura [se unia à] sensual" (Freud, 1974, p. 422). Coisa impedida, a seu tempo, pelo fato de que, na espera do matrimônio, muitos homens desabafavam com prostitutas, com as quais era embaraçante dar vazão para a ternura.

Com o século XXI, nasce uma pergunta: Os encontros facilitados pelos aplicativos, ou em qualquer caso despojados do ritual universal, devem ser chamados pós-eróticos? Conservam um espaço para a ternura ou arriscam exclui-la de partida, por pressa ou tecnicismo? Se a resposta é que eles deixam pouco, então abrem a estrada exatamente àquela que – drasticamente, mas não infundadamente – Freud chamava "impotência psíquica". Se procuramos um denominador comum para o decaimento da sexualidade neste século, podemos supor que os aplicativos de encontro e outras facilitações tenham multiplicado mesmo as formas de psicastenia.

A experiência ensina que, quando um homem experimentou uma impotência total, é reticente a tentar de novo, porque a perspectiva gera a ansiedade. Mas também quem fez experiência de uma impotência psíquica (isto é, relativa, interior mais que física: grupo mais numeroso do que se acreditava, como dizia Freud e como se pode confirmar hoje) sentirá ansiedade; ou pelo menos terá uma reduzida motivação ao repetir a relação sexual.

Essa condição é hoje não só difundida, mas muitas vezes conectada a um outro grande problema de instabilidade dos casais, que não abordamos porque se estende para além do campo sexual: o da fidelidade.

Para as mulheres ou para os homens, em caso de insatisfação (a impotência psíquica em sentido estendido definida por Freud) na relação com um parceiro, é hoje forte a tentação de tentar com um outro. O cálculo é muitas vezes errado, além de desonesto. Ao mesmo tempo, certas vezes é, porém, correto, porque a transgressão cria aquele obstáculo sobre cuja centralidade insistiam tanto Freud quanto De Rougemont. Mas, exatamente, também quando está correto se revela errado: porque o ato de repeti-lo e torná-lo estrutural contradiz aquela excecionalidade que o havia tornado desejável.

Com não pouca previsão, há um século, Freud era pessimista sobre o porvir da civilização: ela deve reprimir os instintos, mas, assim fazendo, transforma os ímpetos da vida humana em uma contradição. Sem sentimentalismos, ele declarava que:

> Neste ponto, talvez devêssemos nos acostumar com a ideia de que uma adaptação do impulso sexual às exigências da civilização não é de todo possível; que a renúncia e o sofrimento e, num futuro muito distante, o perigo de extinção da raça humana como resultado da sua evolução civilizada não podem ser evitados (Freud, 1974, p. 431).

Esse prognóstico infausto, de qualquer forma,

> [...] assenta-se na única suposição de que a falta de satisfação característica da civilização é a consequência necessária de certas peculiaridades que o instinto sexual assumiu sob a pressão da civilização (Freud, 1974, p. 431).

Ao mesmo tempo, Freud exprimia o auspício de que o instinto reprimido não tivesse desaparecido, mas apenas desviado para formas civilizadas, e reaparecesse em "grandiosas criações culturais".

Passados mais de cem anos, não sabemos responder. Por um lado, vemos a possibilidade de que, como Freud levantava a hipótese, o decaimento geral do eros possa manifestar uma inconsciente renúncia da humanidade à vida, porque demasiadamente cansativa: teria se generalizado uma condição psicastênica. De outro lado, damos ainda crédito às criações culturais e as aguardamos.

# REFERÊNCIAS


Adorno, T., Frenkel-Brunswik, E., Levinson, D. J., & Sanford, R. N. (1973). *La personalità autoritaria*. Edizioni di Comunità.

Aly, G. (2008). *Unser Kampf: 1968*. Fischer.

American Psychological Association. (n.d.). *APA dictionary of psychology*. https://dictionary.apa.org/psychasthenia

An English ruling on transgender teens could have global repercussions. (2020, dez. 12). *The Economist*. https://www.economist.com/international/2020/12/12/an-english-ruling-on-transgender-teens-could-have-global-repercussions.

Argentieri, S., Bolognini, S., Di Ciaccia, A., & Zoja, L. (2013). *In difesa della psicoanalisi*. Einaudi.

Aust, S. (1998). *Der Baader Meinhof Komplex*. Goldmann.

Bailey, M. (2019a, abr. 25). Exclusive: Van Gogh's prostitute lover committed suicide – Just as predicted. *The Art Newspaper*. www.theartnewspaper.com/2019/04/25/exclusive-van-goghs-prostitute-lover-committed-suicide-just-as-predicted

Bailey, M. (2019b). *Living with Vincent Van Gogh: The homes and landscapes that shaped the artist*. White Lion Publishing.

Balestrini, N., & Moroni, P. (2003). *L'orda d'oro: 1968-1977*. Feltrinelli. (Obra original publicada em 1988)

Bascetta, M., Bonsignori, S., Grispigni, M., Petrucciani, S. (Eds.). (2008). *Enciclopedia del '68*. Manifestolibri.

Bauman, Z. (2004). *Amore liquido: Sulla fragilità dei legami affettivi*. Laterza.

Bauman, Z. (2013). *Gli usi postmoderni del sesso*. Il Mulino.

Benasayag, M., & Schmit, G. (2013). *L'epoca delle passioni tristi*. Feltrinelli.

Benedict, R. (1967). *The chrysanthemum and the sword: Patterns of Japanese culture*. Meridian Books.

Berlin, I. (2000). *Due concetti di libertà*. Feltrinelli. (Obra original publicada em 1958)

Beutel, M. E., Brähler, E., Glaesmer, H., & Stöbel-Richter, Y. (2018). Sexual desire: Declining sexual activity and desire in men – Findings from representative German surveys, 2005 and 2016. *The Journal of Sexual Medicine, 15*(5), 750-756.

Bonaiuti, M. (2013). *La grande transizione*. Bollati Boringhieri.

Bratsberg, B., & Rogeberg, O. (2018). Flynn effect and its reversal are both environmentally caused. *Proceedings of the National Academy of Sciences of the United States of America, 115*(26), 6674-6789. https://doi.org/10.1073/pnas.1718793115

Bricker, D., & Ibbitson, J. (2020). *Empty planet: The shock of global population decline*. Broadway Books.

Britain's proposal to ban "conversion therapy" is not what it seems. (2021, dez. 4). *The Economist*. https://www.economist.com/leaders/2021/12/04/britains-proposal-to-ban-conversion-therapy-is-not-what-it-seems.

Butler, J. (1990). *Gender trouble*. Routledge. [(2017). *Questione di genere: Il femminismo e la sovversione dell'identità*. Laterza.]

Carson, R. (1962). *Silent spring*. Houghton Mifflin. [(2022). *Primavera silenziosa*. Feltrinelli.]

Centers for Disease Control and Prevention (CDC). (n.d.-a). *Adult obesity facts*. https://www.cdc.gov/obesity/data/adult.html

Centers for Disease Control and Prevention (CDC). (n.d.-b). *YRBSS Data Summary & Trends*. https://www.cdc.gov/healthyyouth/data/yrbs/yrbs_data_summary_and_trends.htm

Chak, A. (2015, dez. 7). Beyond "he" and "she": The rise of non-binary pronouns. *BBC News*. https://www.bbc.com/news/magazine-34901704

De Rougemont, D. (2015). *L'amore e l'Occidente: Eros, morte, abbandono nella letteratura europea*. Bur.

Decker, O., & Brähler, E. (Eds.). (2020a). *Autoritäre Dynamiken: Alte Ressentiments – Neue Radikalität. Leipziger Autoritarismus Studie 2020*. Psychosozial-Verlag.

Decker, O., & Brähler, E. (2020b). *Prekärer Zusammenhalt: Die Bedrohung des demokratischen Miteinanders in Deutschland*. Psychosozial-Verlag.

DeFranza, D., Mishra, H., & Mishra, A. (2019). How language shapes prejudice against women: An examination across 45 world languages. *Journal of Personality and Social Psychology, 119*(1), 7-22.

Dekker, A. et al. (2020). Health, sexual activity, and sexual satisfaction: Selected results from the German Sexuality Survey. *Deutsches Ärzteblatt International, 117*(39), 645-652.

Delahunt, J. et al. (2018). Increasing rates of people identifying as transgender presenting to endocrine services in the Wellington region. *New Zealand Medical Journal, 131*(1468), 33-42.

*Detransition facts and statistics 2022: Exploding the myths around detransitioning*. (2021, jun. 21). Gender GP. https://www.gendergp.com/detransition-facts

Dutton, E., van der Linden, D., & Lynn, R. (2016). The negative Flynn effect: A systematic literature review. *Intelligence, 59*. www.sciencedirect.com/science/article/abs/pii/S0160289616300198

Easterlin, R. A. (1974). Does economic growth improve the human lot? Some empirical evidence. In P. A. David & M. W. Reder (Eds.), *Nations and households in economic growth: Essays in honor of Moses Abramovitz* (p. 89-125). Academic Press.

Eggebeen, D. J. (2012). What can we learn from studies of children raised by gay or lesbian parents? *Social Science Research, 41*(4), 775-778.

Ellenberger, H. (1970). *The discovery of the unconscious: The history and evolution of dynamic psychiatry*. Basic Books. [(1972). *La scoperta dell'inconscio. Storia della psichiatria dinamica*. Boringhieri.]

Erikson, E. H. (1950). *Childhood and society*. Norton. [(1966). *Infanzia e società*. Armando.]

Erikson, E. H. (1994). *Identity: Youth and crisis*. Norton.

European Institute for Gender Equality. (n.d.-a). *Cyber violence against women and girls*. https://eige.europa.eu/publications/cyber-violence-against-women-and-girls

European Institute for Gender Equality. (n.d.-b). *Revenge porn*. https://eige.europa.eu/thesaurus/terms/1488

European Union Agency for Fundamental Rights. (2020). *A long way to go for LGBTI equality*. https://fra.europa.eu/en/publication/2020/eu-lgbti-survey-results

Falcone, S. (2016). *Van Gogh: Il buio che si fa luce*. Vivarium.

Fenwick, E. A. (2017). "I'm giving women in porn a voice": Mother who makes feminist erotic films is so proud of "sex positive" movies she would be happy for her daughters to join the industry. *Daily Mail*. https://www.dailymail.co.uk.

Freud, S. (1912). *Beiträge zur Psychologie des Liebeslebens. II, Über die allgemeinste Erniedrigung des Liebeslebens*. [(1974). Contributi alla psicologia della vita amorosa, Secondo contributo, Sulla piú comune degradazione della vita amorosa. In *Opere* (vol. VI, 1909-1912). Boringhieri.]

Freud, S. (1914). *Zur Einführung des Narzißmus*. [(1976). *Introduzione al narcisismo*. Boringhieri.]

Freud, S. (2010). *Il disagio della civiltà*. Einaudi.

Fromm, E. (1941). *Escape from freedom*. Holt, Rinehart & Winston. [(2022). *Fuga dalla libertà*. Mondadori.]

Fromm, E. (1956). *The art of loving*. Harper & Row. [(2016). *L'arte di amare*. Oscar Mondadori.]

Galimberti, U. (1999). *Psiche e techne: L'uomo nell'età della tecnica*. Feltrinelli.

Ghaznavi, C., Sakamoto, H., Shibuya, K., & Ueda, P. (2019, abr. 8). Let's talk about (no) sex: A closer look at Japan's "virginity crisis". *The Diplomat*. https://thediplomat.com/2019/04/lets-talk-about-no-sex-a-closer-look-at-japans-virginity-crisis

Ghaznavi, C. et al. (2019). Trends in heterosexual inexperience among young adults in Japan: Analysis of national surveys, 1987-2015. *BMC Public Health, 19*.

Ghorayshi, A. (2022, jan. 19). Timing treatments on gender identity. *The New York Times International*.

*Happiest countries in the world 2022*. (n.d.). World Population Review. https://worldpopulationreview.com/country-rankings/happiest-countries-in-the-world

Hartley, E. (2020, mar. 3). Why do so many teenage girls want to change gender? *Prospect*. https://www.prospectmagazine.co.uk/magazine/tavistock-transgender-transition-teenage-girls-female-to-male

Head, A. (2022, mar. 11). Best sex apps: 17 for no strings attached hook ups and sexual wellness. *Marie Claire*. https://www.marieclaire.co.uk/life/sex-and-relationships/best-sex-apps-98365

Hell, D. (2019). *Lob der Scham*. Herder.

Heller, A., Decker, O., & Brähler, E. (2020). *Prekärer Zusammenhalt: Die Bedrohung des demokratischen Miteinanders in Deutschland*. Psychosozial-Verlag.

Hillman, J. (1975). *Towards the archetypal model for the masturbation inhibition*. [(1983). *Modello archetipico di inibizione alla masturbazione*. In L. Zoja (Ed.), *Problemi di psicologia analitica: Una antologia post-junghiana*. Liguori.]

Holdsworth, J. (n.d.). *BBC2: This world – No sex please, we're Japanese*. BBC. https://vimeo.com/80542212.

Illich, I. (1973). *Tools for conviviality*. Harper & Row. [(1974). *La convivialità*. Mondadori.]

Illich, I. (1976). *Limits to medicine: Medical nemesis: The expropriation of health*. Marion Boyars. [(1977). *Nemesi medica: L'espropriazione della salute*. Mondadori.]

Illouz, E., & Kaplan, D. (2022). *What is sexual capital?* Polity Press.

Istituto Minotauro. (n.d.). *Ritiro sociale*. minotauro.it/cosa-facciamo/consultazione-con-psicologi-e-psicoterapeuti-e-consultorio-gratuito/ritiro-sociale/.

Jacoby, M. (1991). *Scham/Angst und Selbstwertgefühl: Ihre Bedeutung in der Psychotherapie*. Walter Verlag.

Jaffé, A., & Fischli, L. (2021). *Streiflichter zu Leben und Denken C.G. Jungs: Historischer Kommentar von Elena Fischli*. Daimon.

Jones, E. (1953). *The life and work of Sigmund Freud*. Basic Books. [(1962). *Vita e opere di Freud*. Il Saggiatore.]

Jones, J. H. (1997). *Alfred C. Kinsey: A life*. W.W. Norton.

Julian, K. (2018). Why are young people having so little sex? *The Atlantic*. https://www.theatlantic.com/magazine/archive/2018/12/the-sex-recession/573949

Jung, C. G. (1922). *Über die Beziehung der Analytischen Psychologie zum dichterischen Kunstwerk*. [(1959). La psicologia analitica nei suoi rapporti con l'arte poetica. In *Il problema dell'inconscio nella psicologia moderna*. Einaudi.]

Jung, C. G. (2011). *O espírito na arte e na ciência*. Vozes.

Kierkegaard, S. (1843). *Die Umiddelbare Erotiske Stadier, Eller det Musikalsk--Erotiske*. [(2018). *Don Giovanni*. Bur Mondadori.]

Kitchner, C. (2018, nov. 14). What's causing the sex recession? Young people are having less sex. The big question is, why? *The Atlantic*. https://www.theatlantic.com/membership/archive/2018/11/whats-causing-the-sex-recession/575890

Klein, M. (1975). *The writings of Melanie Klein* (Vol. I). In *Love, guilt and reparation*. The International Psycho-Analytical Library, The Hogarth Press.

Koenen, G. (2002). *Das rote Jahrzehnt*. Fischer Taschenbuch Verlag.

Lancini, M. (Ed.). (2019). *Il ritiro sociale negli adolescenti: La solitudine di una generazione iperconnessa*. Raffaello Cortina.

Lancini, M. (2021). *L'età tradita*. Raffaello Cortina.

Lancini, M., Cirillo, L., Scodeggio, T., & Zanella, T. (2020). *L'adolescente: Psicopatologia e psicoterapia evolutiva*. Raffaello Cortina.

Laplanche, J., & Pontalis, J.-B. (1967). *Vocabulaire de la psychanalyse*. Universitaires de France. [(1968). *Enciclopedia della psicanalisi*. Laterza.]

Latouche, S. (1993). *Le planéte des naufragés: La décroissance avant la décroissance*. [(2016a). *Il pianeta dei naufraghi: Saggio sul doposviluppo*. Bollati Boringhieri.]

Latouche, S. (2016b). *Les précurseurs de la décroissance: Une anthologie*. Le Passager Clandestin. [(2016). *La decrescita prima della decrescita: Precursori e compagni di strada*. Bollati Boringhieri.]

Leinung, M. C., & Joseph, J. (2020). Changing demographics in transgender individuals seeking hormonal therapy: Are trans women more common than trans men? *Transgender Health, 5*(4). https://www.liebertpub.com/doi/abs/10.1089/trgh.2019.0070?journalCode=trgh

Lévi-Strauss, C. (1967). *Les structures élémentaires de la parenté*. De Gruyter Mouton. [(1969). *Le strutture elementari della parentela*. Feltrinelli.]

Lingiardi, V. (2021). *Arcipelago N: Variazioni sul narcisismo*. Einaudi.

Mangone, E., & Dolgov, A. (2019). Sorokin's "Altruistic Creative Love": Genesis, methodological issues, and applied aspects. *Human Arenas*. https://link.springer.com/article/10.1007/s42087-019-00058-w

Manuale MSD. (n.d.). *Disforia di genere*. https://www.msdmanuals.com/it-it/professionale/disturbi-psichiatrici/sessualit%C3%A0-disforia-di-genere-e-parafilie/disforia-di-genere

Marcuse, H. (1966). *Eros and civilization: A philosophical inquiry into Freud*. Beacon Press. [(2001). *Eros e civiltà*. Einaudi.]

Marino, G. C. (2004). *Biografia del sessantotto*. Bompiani.

Marzano-Lesnevich, A. (2021, abr. 2). How do I define my gender if no one is watching me? *The New York Times*. https://www.nytimes.com/2021/04/02/opinion/transgender-nonbinary-pandemic-transition-.html?smid=em-share

Mercer, C. et al. (2013). Changes in sexual attitudes and lifestyles in Britain through the life course and over time: Findings from the National Surveys of Sexual Attitudes and Lifestyles (Natsal). *The Lancet*, *382*(9907), 1781-1794. https://doi.org/10.1016/S0140-6736(13)62035-8

Michelet, J. (1880). *La femme*. [(1977). *La donna*. Liguori.]

Mitscherlich, A. (1963). *Auf dem Weg zur vaterlosen Gesellschaft: Ideen zur Sozialpsychologie*. [(1970). *Verso una società senza padre*. Feltrinelli.]

Nassehi, A. (2003). *Geschlossenheit und Offenheit*. Suhrkamp.

Neiman, S. (2016). *Why grow up?* Penguin. [(2015). *Perché diventare grandi?* Utet.]

*New study shows discrimination, stigma, and family pressure drive "detransition" among transgender people*. (2021, abr. 7). Fenway Health. fenwayhealth.org/new-study-shows-discrimination-stigma-and-family-pressure-drive-detransition-among-transgender-people.

Nicas, J. (2022, fev. 27). Brazil, land of the thong, embraces its heavier self. *The New York Times*.

O'Connor, M. (2017, jun. 12). Pornhub is the Kinsey Report of our time. *New York*. www.thecut.com/2017/06/pornhub-and-the-american-sexual-imagination.html

OECD. (2019). *PISA 2018 Results (Volume III): What school life means for students' lives*. PISA, OECD Publishing. https://doi.org/10.1787/acd-78851-en

Ortega y Gasset, J. (1927). *La elección en amor.* [(2006). *La scelta in amore*. Es.]

Ortega y Gasset, J. (2002). Estudios sobre el amor. *Revista de Occidente*. Alianza Editorial. [(1992). *Sull'amore*. SugarCo, Carnago).]

Over-friendly, or sexual harassment? It depends partly on whom you ask. (2017, nov. 17). *The Economist*. https://www.economist.com/graphic-detail/2017/11/17/over-friendly-or-sexual-harassment-it-depends-partly-on-whom-you-ask

Pacer's National Bullying Prevention Center. (n.d.). *Bullying Statistics*. www.pacer.org/bullying/info/stats.asp

Pennings, G. (2011). Evaluating the welfare of the child in same-sex families. *Human Reproduction*, *26*(7), 1609-1615.

Platão (2019). *La repubblica*. Laterza.

Popper, K. R. (1973-1974). *La società aperta e i suoi nemici* (2 vols.). Armando.

Popper, K. R. (2019). *La ricerca non ha fine*. Armando.

Reich, W. (1932). *Der sexuelle Kampf der Jugend.* Verlag für Sexualpolitik.

Rich, A. et al. (2016). The increasing prevalence in intersex variation from toxicological dysregulation in fetal reproductive tissue differentiation and development by endocrine-disrupting chemicals. *Environmental Health Insights*, *10*, 163-171.

Richtel, M. (2022, abr. 23). "It's life or death": The mental health crisis among U.S. teens. *The New York Times*. [Atualizado em 3 de maio de 2022.] https://www.nytimes.com/2022/04/23/health/mental-healthcrisis-teens.html?smid=url-share

Rilke, R. M. (1929). *Briefe an einen jungen Dichter* [(1980). *Lettere a un giovane poeta*. Adelphi.]

Scaraffia, L. (2019). *Storia della liberazione sessuale*. Marsilio.

Schwartz, B. (2004). *The paradox of choice: Why more is less*. Harper Collins.

Schwarzer, A. (2022a, abr. 1º). *Con Alice Schwarzer* [Entrevista]. Gredig direkt. www.srf.ch/play/tv/gredig-direkt/video/mit-alice-schwarzer?urn=urn:srf:video:c5cdc748-6f46-4eba-9114-04c6a51c6d7e

Schwarzer, A. (2022b, fev. 23). Im Gendertrouble. *Die Zeit.*

Schwarzer, A. (2022c). Transsexualität und Rollenirritation. In A. Schwarzer & C. Luois (Orgs.), *Trans-Sexualität. Was ist eine Frau? Was ist ein Mann?* Kiepenheuer & Witsch.

Sennett, R. (2004). *Respect in a world of inequality.* W.W. Norton. [(2018). *Rispetto: La dignità umana in un mondo di diseguali.* Il Mulino.]

Shrier, A. (2021). *Irreversible damage: The transgender craze seducing our daughters.* Swift Press.

Smith, M. (2019, jun. 28). *Referrals to the Gender Identity Development Service (Gids) level off in 2018-19.* tavistockandportman.nhs.uk/about-us/news/stories/referrals-gender-identity-development-service-gids-level-2018-19/

Sorokin, P. A. (1937-1941). *Social and cultural dynamics.* [(2013). *La dinamica sociale e culturale.* Utet De Agostini.]

Sorokin, P. A. (1956). *The American sexual revolution.* Porter Sargent. [(2021). *La rivoluzione sessuale americana.* Cantagalli.]

Spitz, R. A. (1945). *Vom Säugling zum Kleinkind: Naturgeschichte der Mutter-Kind-Beziehungen im ersten Lebensjahr.* Klett-Cotta.

Spitz, R. A. (1965). *The first year of life: A psychoanalytic study of normal and deviant development of object relations.* International Universities Press. [(2010). *Il primo anno di vita del bambino.* Giunti.]

Steinmetz, K. (2015, ago. 17). Why transgender people are being murdered at a historic rate. *Time.* https://time.com/3999348/transgender-murders-2015

Swan, S. H. (2020). *Countdown: How our modern world is threatening sperm counts, altering male and female reproductive development, and imperiling the future of the human race.* Schribner.

Tavistock Gender Identity Development Service. (n.d.). *Tavistock gender identity development service data.* GIRES. https://www.gires.org.uk/tavistock-gender-identity-development-service-data/

Thoreau, H. D. (1854). *Walden; or, Life in the Woods.* [(2015). *Walden ovvero Vita nei boschi.* Einaudi.]

Turban, J., Loo, S., Almazan, A., & Keuroghlian, A. (2021). Factors leading to "detransition" among transgender and gender diverse people in the United States: A mixed-methods analysis. *LGBT Health, 8*(4). www.liebertpub.com/doi/full/10.1089/lgbt.2020.0437

Turkle, S. (2011). *Alone together: Why we expect more from technology and less from each other.* Basic Books. [(2019). *Insieme ma soli: Perché ci aspettiamo sempre piú dalla tecnologia e sempre meno dagli altri.* Einaudi.]

Turkle, S. (2015). *Reclaiming conversation: The power of talk in a digital age*. Penguin. [(2016). *La conversazione necessaria: La forza del dialogo nell'epoca digitale*. Einaudi.]

Twenge, J. M. (2018). *iGen: Why today's super-connected kids are growing up less rebellious, more tolerant, less happy – and completely unprepared for adulthood*. Atria Books. [(2018). *Iperconnessi: Perché i ragazzi oggi crescono meno ribelli, piú tolleranti, meno felici e del tutto impreparati a diventare adulti*. Einaudi.]

Ueda, P. et al. (2020). Trends in frequency of sexual activity and number of sexual partners among adults aged 18 to 44 years in the US, 2000-2018. *Jama Network Open*, *3*(6).

*U.S. Sex Reassignment Surgery Market Size, Share & Trends Analysis Report by Gender Transition (Male to Female, Female to Male), and Segment Forecasts, 2020-2027*. (2020). Grand View Research. https://www.grandviewresearch.com/industry-analysis/us-sex-reassignment-surgery-market

Van Gogh, V. (1882, maio 16). To Theo Van Gogh. *The Hague*. https://vangoghletters.org/vg/letters/let228/letter.html

Walsh, B. (2021, fev. 25). Falling sperm counts could threaten the human race. *Axios*. https://www.axios.com/falling-sperm-countendocrine-disruption-59c8be98-bfad-4e9b-8738-985ece67a21d.html

Wanli, Y. (2021, mar. 15). "Masculinity" proposal prompts debate. *China Daily*. https://www.chinadaily.com.cn/a/202103/15/WS604ebf-1da31024ad0baaf258_3.html

Weber, M. (1919). *Wissenschaft als Beruf*. [(2018). *Il lavoro intellettuale come professione*. Mondadori.]

Wessely, S. (1987). Mass hysteria: Two syndromes? *Psychological Medicine*, *17*(1), 109-120.

West, C., & Zimmerman, D. (1987). Doing gender. *Gender and Society*, *1*(2), 125-151.

What is violence against women and girls (Vawg)? (n.d.). *Haringey Borough Council*. https://www.haringey.gov.uk/community/community-safety-and-engagement/domestic-and-gender-based-violence/violence-against-women-and-girls

Wiepjes, C. et al. (2018). The Amsterdam cohort of gender dysphoria study (1972-2015): Trends in prevalence, treatment, and regrets. *Journal of Sexual Medicine*, *15*(4).

Wilcox, W. B., & Stone, L. (2019, abr. 4). The happiness recession. *The Atlantic*. https://www.theatlantic.com/ideas/archive/2019/04/happiness-recession-causing-sex-depression/586405

Winter, J., & Teitelbaum, M. (2013). *The global spread of fertility decline: Population, fear, and uncertainty*. Yale University Press.

Zimbardo, P., & Coulombe, N. D. (2015). *Man disconnected: How the digital age is changing young men forever*. Rider-Penguin.

Zoja, L. (1999). *Coltivare l'anima*. Moretti & Vitali.

Zoja, L. (2003a). *Nascere non basta. Iniziazione e tossicodipendenza* (3. ed.). Raffaello Cortina. (Obra original publicada em 1985)

Zoja, L. (2003b). *Storia dell'arroganza. Psicologia e limiti dello sviluppo*. Moretti & Vitali.

Zoja, L. (2009). *La morte del prossimo*. Einaudi.

Zoja, L. (2011). *Paranoia. La follia che fa la storia*. Bollati Boringhieri.

Zoja, L. (2015a). *Psiche*. Bollati Boringhieri.

Zoja, L. (2015b). The submissiveness trap. In M. Hawkesworth & M. Vianello (Eds.), *Gender and power* (p. 187-194). Palgrave Macmillan.

Zoja, L. (2016a). *Centauri: Alle radici della violenza maschile* (2. ed.). Bollati Boringhieri.

Zoja, L. (2016b). *Il gesto di Ettore. Preistoria, storia, attualità e scomparsa del padre* (2. ed.). Bollati Boringhieri. (Obra original publicada em 2000)

Zoja, L. (2018). *Vedere il vero e il falso*. Einaudi.

# AGRADECIMENTOS

Pelas leituras e sugestões oferecidas sobre o delicado tema deste livro, agradeço a: Jean-Louis Aillon, Mauro Bonaiuti (docente de Economia Solidária e Sustentabilidade na Universidade de Turim e presidente da Associação para o Decrescimento), Alessandra Kustermann (por muito tempo chefe de Ginecologia do Policlínico de Milão), Francesca Giulia La Rosa, Matteo Lancini (diretor do Instituto Minotauro, o maior centro italiano para o estudo do mal-estar juvenil), Martin Mumelter, Eva Pattis, Fabrizio Petri (presidente da Comissão Interministerial para os Direitos Humanos e enviado especial para os direitos humanos das pessoas LGBTQI+ do Ministério das Relações Exteriores e Cooperação Internacional), Roberto Scarpa, Beatrice Vallorani e Elisabeth Zoja.

**EDITORA VOZES LTDA.**
**Rua Frei Luís, 100 – Centro – Cep 25689-900 – Petrópolis, RJ**
**Tel.: (24) 2233-9000 – E-mail: vendas@vozes.com.br**